ちくま文庫

多摩川飲み下り

大竹聡

筑摩書房

多摩川飲み下り　目次

多摩川

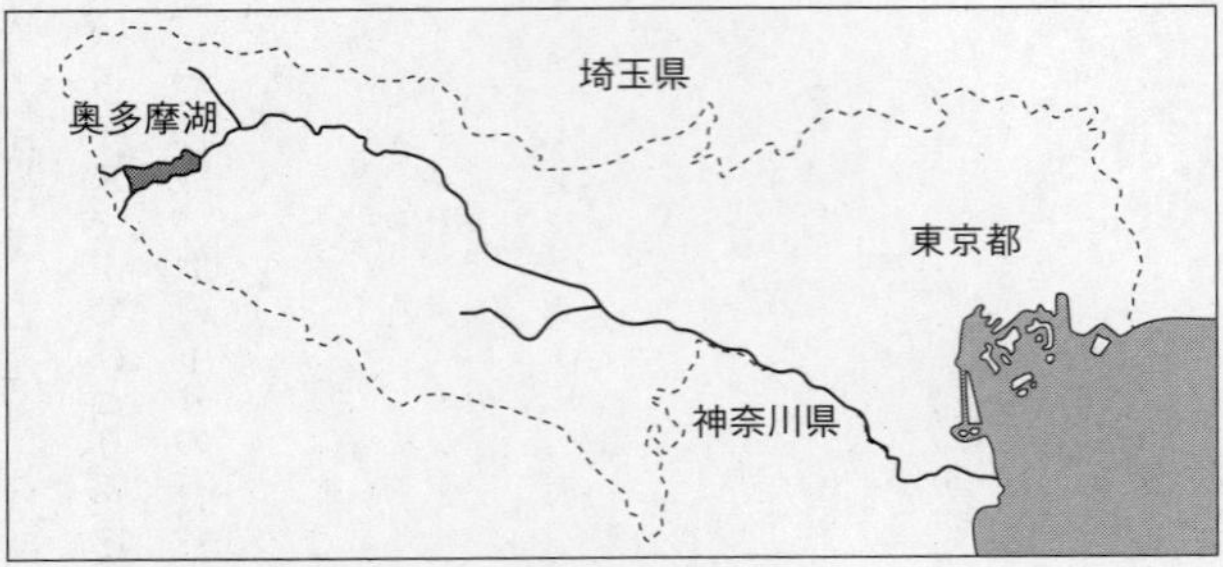

西の多摩川から、東の川崎の先へと多摩川は流れる

多摩川飲み下り

写真撮影　著者

一　飲み下り開始地点「奥多摩」にて
さっそくがぶ飲みする

三鷹生まれの三鷹育ちで、自転車でちょっと行きゃ二三区エリアなのに、たとえば三鷹市と杉並区や世田谷区の境界線まで来るというと、ああ、この先はやはり実にどうも東京であるなあなんて、振り返れば、ずいぶんガキのころから思っていたような気がします。

その一方ではるかに西の方面を展望すれば、我が高校時代、ＪＲに限って言っても、中央線の西八王子や高尾から、立川で分岐する支線なら拝島、五日市、青梅から、さらには八王子で分岐する八高線沿線からも、友たちは通学していたのです。

この、東京二三区以西の旧北多摩郡、旧南多摩郡、そして現在も残る西多摩郡のことを三多摩郡という関係からでしょう。中学のころの運動部の大会には都大会とは別に、三多摩大会、あるいは単に多摩大会というのがあって、これはつまり、「二三区外の三つの多摩郡の子どもたちの大会」を意味していました。

つまり東京都には、東京二三区と、それより広い市町村部というふたつの東京があり（伊豆諸島および小笠原諸島などの島嶼部という美しい東京もあります）、多摩というのは、この市町村部全域を指すということなのです。

で、本題。今回、都内の人が隅田川下りを楽しむならば、我ら都下の人間は多摩地域の大川である多摩川を下るべえ、ってなことを思いついた次第。べえ、というのは多摩地域特有の語尾です、念のため。

思い立ったが吉日とばかりに奥多摩駅を目指したのは猛暑の続いた二〇一〇年年七月下旬のこと。ここから多摩川沿いをぶらぶら下りながら酒を飲む。そう、もちろん飲む。だからこの企画は「単に多摩川下り」ならぬ「多摩川飲み下り」なのですが、ボートやカヌーや筏で川を下るという勇敢なことは、たぶん、しないと思う。まあ、酔い潰れて川を流れ下ることはあるかもしれないが、その場合、書き手不在となるから、この企画も中止ということになることでしょう。

それはともかく、できるだけ多摩川に沿って歩く、あるいは、電車・バスに乗ることとする。そして飲む。それだけだ。

地図を見れば、奥多摩から立川までは青梅線、立川から川崎までは南武線が、ほぼ

青梅線の終点、奥多摩駅。ここから飲み下りをスタートします

多摩川沿いを下る鉄路とわかる。

多摩川は奥多摩のさらに奥、山梨県に入って多摩川から丹波川《たばがわ》と名を変え、さらに奥に入った山の中に源流があると聞くが、そこまで遡上する根性はないので、このたびは迷わず**奥多摩駅**からスタートすることにした。

駅に着いたのは午後四時。かつての南多摩郡にある自宅からここまで、電車を乗り継いで二時間かかった。遠い。そして暑い。

実は、奥多摩駅に限って、飲み屋さんのアタリはついている。以前、日原街道沿いの宿に泊まり、宿と駅との間にあるほんの数軒が並ぶ飲み屋街で飲んだことがあるのだ。あそこへ行けばいいし、平日の午後四時とはいえ、何軒かはすでに営業しているのではないか。

その読みはあたった。「しんちゃん」という店の縄のれんをくぐる。カウンターにひとり、ポロシャツを着たお父さんが飲んでいる。カウンターの中には女将さんがひとり。

いいですかと声をかけながら入り、席に座り、瓶ビールを頼む。レモンサワーと思しきジョッキを傾けているお父さんが冷奴を頼んだので、ああ、こちらもお願いします、と言ったら、お父さんと目が合った。気負わず、話しかけてみる。

「昔、この通りで、お婆さんのやっている店があったと思うんですが」

「ああ、隣だね。もう、代替わりしたよ」

「なんて言ったかな。なんか、海という字がついていたような」

すると女将《おかみ》さんがにっこり笑った。

「うみつばめ」

「そうだそうだ、山の中なのになんで海なんだって。それで店に入ったんですよ」

照りつける陽光の中をしばらく歩いた後だったから、ビールがことのほかうまい。冷奴がまた、うまい。キャンプに行く学生たちが駅前にいたことを言うと、お父さんが教えてくれる。

「八月も一〇日を過ぎるとキャンプのお客さんが減る。朝晩、冷えるからな」

街中では、毎晩エアコンをつけたままで眠る人が多いけれど、このあたりでは、その必要もないということなのだろう。店へ入る前に見た川の水や、山の緑が思い出されるのと同時に、すっかり暮れた後の、暗く湿った冷たい夜気の中を、ぶらぶらと歩いてみたいと思った。

「ポッポ焼きください」

これはイカ焼きのこと。飲めば食わないタチなので、このひと皿があれば万全という思惑なのだが、出てきてみるとこの焼いたイカがまたおいしく、他の店も覗いてみようかという思いは完全になくなった。

「焼いた炭を売りに八高線の沿線まで連れて行かれたのが五歳のころだな。薪拾いにキノコ採り、なんでも五歳くらいからやった」

お父さんが言う。サワーをうまそうに飲み、お代わりし、それからしばらくして、また飲みほして、今度はビールに戻した。

「あの、酎ハイとか、ありますか。レモンサワーみたいの」

女将さんに言うとお父さんが脇から答える。

「焼酎じゃないんだ、ここのは。樽ハイっていってね、ベースがウォッカでソーダが入っている。飲み口はいいよ。でもウォッカだから、後から酔うな」

お父さん、ニコニコ笑っている。

女将さんは、ビールグラスに少しだけ味見をしてみますかと言ってくれるのだが、ウォッカベースのソーダ割りならうまいに決まっているから、迷わずに頼む。女将さんはそこへ、カットレモンを入れてくれた。

うまい。すいすいと入る。調子に乗れば酔うだろうなとは思う。中央線と京王線の全駅で下車してホッピーを飲み歩いていたホッピーマラソンのときもいつも思ってい

柳小路の名店「しんちゃん」の樽ハイをお代わり、また、お代わり

た。

へっ、後で酒が回ることなど知ったことか、今、うまきゃ、いいんだ……。

そろそろ仕事終わりの時刻となったようで、店には次々に客が来る。お父さん、みんな知り合いだし、ふらりとやってきたこの一見客を、多摩川飲み下りの開始にあたって奥多摩で飲み、そのことを書く人だと紹介してくれる。だから、たちまちその輪の中に入って、樽ハイを一杯、また一杯と飲む。

お父さんが先に帰ると、今度は、お父さんの次に来ていた男性が隣に来てくれて、「これはオレからだ」といって樽ハイをおごってくれる。絵画や小説などが好きだとおっしゃる。それに答えて、

「筒井康隆の『農協月へ行く』なんて最高だったっすね」

かなんか口走っている。なぜ今、筒井康隆なのか、自分でもまるでわからない。だいぶ酔ってきたみたいだ。

その後も、次々にお客さんはやってきて、そのたびに紹介されるので、輪はさらに広がる。どこそこの誰の従姉はウチの姉貴と同級生だから今年で何歳、みたいな話を聞いていると、この周辺に住む人々のお互いの近さが感じられる。ホッピーマラソンのときにも東京西部の飲み屋でこの近さを感じたが、「しんちゃん」に満ちる親密度

はその上をいく。

ダンナさんが年頃の娘さんを連れて飲みに来る。父娘で酒なんて羨ましいなあと見ていると、このダンナさん、店の女将さんの娘さんの連れ合いという。おばあちゃんの店でお父さんと娘が飲んでいるのだ。

ああ、いいなあ、と思いつつ樽ハイをもう一杯。ずいぶんご馳走になっている。おいおい、そろそろここへ来てから五時間になるぞ。ちゃんと帰れるか。家まで二時間だぞ……。

しかしもう一杯……。多摩川飲み下り初の晩は、実に濃く深く過ぎていくのでした。

二　「白丸駅」付近で大地震に見舞われ「鳩ノ巣」へ退避する

東京都下の大川である多摩川沿いを飲み下るという酔狂を始めたのは二〇一〇年七月。

あれはそう、猛暑の盛りでありましたが、第二回の飲み下りに参りましたのは、八カ月後の二〇一一年三月のことです。

多摩川に沿ってずるずると下りながら途中で飲むという多摩川飲み下り。飲む場所は食堂でも河原でも、もちろん飲み屋さんでもいいという曖昧さですが、前回は奥多摩駅に赴いて、たいそう楽しい居酒屋の客となって延々飲んだので、今回は奥多摩駅のひとつ手前というか奥多摩駅を起点とするなら二つ目の駅からから始めたらいい。

そう思いながら、我が家のある東京南西部から立川駅を経由して、青梅駅にて奥多摩駅行きに乗り換えれば、ああやはり、**奥多摩駅**から行き直そうと思うあたりは律儀というか、融通が利かないというか、まあ、どっちでもいいし、両方なんでしょうけれど、気がつけば奥氷川神社境内にある杉の古木を、やあやあしばらくと見上げ、ゲートボールに興じるお父さんお母さんに軽く会釈をしながら神社にお参りしている自分に気づきます。

さて、歩くか。いわゆる青梅街道を、多摩川を右に見ながら歩き出すのですが、この日、けっこう寒かった。

曇天で、景色も色合いに欠ける。しかも、歩き始めてすぐに道は新氷川トンネルに入っていくのだ。この世にいろいろ恐いものの多い身ですが、暗くて狭くて空気が悪いトンネルはとりわけ恐い。これがなんと、六〇五メートルも続く。ああ、恐い。出口が見えたときはホッとしたねえ。

けれど、トンネルを出ても、どうにもパッとしない。ふと見れば、直進方向は新宿・青梅、右折すれば甲府・奥多摩湖なんて道路標識が出てきて、おいおい、やっぱり、遥かにやってきたなあと思うものの、その分岐点近くに架かる橋から見おろす渓流・多摩川で釣りを楽しむ人の姿もどこか寒々としている。

えーっと、奥多摩駅の次は**白丸駅**《しろまる》だったっけ。わずかひと駅なのにけっこう遠いな……。そんなことを思いながら歩く。

しかし、国道沿いに歩いても、あまりおもしろくない。

飲み下りもわずか二回目にして企画の土台を覆す考えですが、それもまあ正直な話なんです。もはや私は、素早く飲める店を見つけてスルスルと飲んでしまいたい気分でいっぱいになっていたのであり、その思いに呼応するかのように道沿いの雰囲気も、駅に近い感じになってきた。どこかに店はないかねえ……。

ちょうどそのときだった。

自転車置き場か何かを囲うためのものか、低い鉄柵があって、それがガサガサガサガサと音を立てている。

なんだ？　強風が吹いているわけでもなし、猫でもいるのか……。いや、そうじゃない！

地震！　それもでかいぞ、これは……。

呟きながら、ぶるぶると震えてきた。

足が震えたのではなくて、足裏が捉えている地面がぶるぶると震えているのであり、落ち着こうとするのを嘲笑するかのように小刻みな揺れは増していき、恐怖に目を上げるころには、ゴーッという山の地鳴りのような音を聞いた気がして、立ち尽くすしかなかった。

　地面がギシギシと音を立てて、長きにわたって揺れた。これは、やばいんじゃないか。

　通りかかった自動車が道端に停車したので駆け寄ってみると、運転している人は車載テレビを見ているようだった。

「ニュース、出てますか」

「東北らしいですよ。大きいみたいです」

　礼を言って石段を駅へと駆け上がると、塗装工事の作業員が何人かいて、JR青梅線が即座に全線運休になったことを教えてくれた。それにしても、今の、でかかったなあ、口々に言っている。

　携帯が通じなくなっていた。にわかに不安になっていると、また、山の斜面がびりびりと震える。アナウンスがあり、復旧には相当な時間がかかると教えた。

　とにかく連絡と思い、国道沿いへ下りると、幸運なことに公衆電話ボックスがあった。この数年、財布にはいつもテレホンカードを入れているのだが、これが役に立った。家族と職場の無事を知る。元来ひどい心配性であるからまた取り越し苦労をしたかと自らを慰めた。

さて、どうするか。当分動かないようだが、動くのを待つ以外に方法はない。つまり、電車が動くまでどこで待つかということになるわけだが、ひとつには奥多摩駅まで戻るという手がある。食堂もあれば、いざというときの宿泊施設もある。もうひとつの手が、先へ進むことだ。もとより白丸駅までで今回の飲み下りを終えるつもりはなかったのだ。では、歩こう、次の駅、鳩ノ巣へ向けて。

郡部の家族も都心部の仕事場も無事と知った私の気持ちはすでに緩んでいた。大きな地震だったというが、どの程度なのか。交通機関の麻痺状態はいつごろ解消しそうなのか。どこかの食堂のテレビで、ビールでも飲みながら確認したい。頭の中はその程度のことしか考えていないのだった。

奥多摩・白丸間より少し近かっただろうか。鳩ノ巣駅に着いた。青梅線の車両が駅に停車していて、動く気配はない。青梅街道へ戻り、道沿いの「鳩の巣 釜めし」に入る。

期待していたテレビはないので情報入手はできなかった。しかし店内は居心地がよく、今日の目的である多摩川飲み下りの飲みの部分は、ここでやろうと決めた。

「ビールと、ふきのとうのてんぷら」

季節のものである。

国道沿いの釜めし屋さんは四季を通じて観光客やハイカーで賑わう

外は寒いが、温かい店内で飲むビールがうまい。塩を振って食べるふきのとうは、衣はからりと揚がっていて、中はほどよく苦く、歯ごたえはシャキシャキとしていて実に具合がいい。コップのビールは一杯、二杯とスルスル入っていく。

私と同様、電車の運転再開を待つ風情の人がひとりいる。時刻は四時を過ぎたあたり。外はまだ明るく、仮に電車が動かないなら一時間かけて奥多摩駅へ戻ってもいいなどと考えながら飲んでいると、ハイキング帰りの人がひとり、またひとりと入ってくる。こちらも、電車の復旧を待つまでの小休止と思われるのだが、そのうちの男性が、私の背後で日本酒を注文した。

ああ、日本酒飲みたいな。というのは私の条件反射だ。ジタバタしても始まらないという思いもあって、

「日本酒の燗と刺身こんにゃく」

などと頼んでしまう。

これで酒を二本飲む。本当は名物の釜めしや、ヤマメの刺身か塩焼なども頼んで勢いよく飲みたいのだが、帰るのか、それともどこか近くに泊まるのか、電車の車両で寝るのか、そのあたりが決めきれないので腰を落ち着けることができない。なんとも残念だ。

刺身コンニャクと日本酒で、非常事態にも暖をとることを忘れず

日が暮れるころ、情報が入った。JR東日本は全線が止まったままで、今夜中の復旧はないという。

それを聞いた店の若旦那さんは、青梅か、場合によっては立川まで私を含めた四人の客を自家用車で送ってくれるという。ありがたい話だと思いながら、ついもう一本の酒を飲んでしまう私はどうかしているのだが、そこへ、近所で宿泊できるという情報がもたらされた。

それならばと、民宿を訪ね、お願いをして素泊りさせてもらうことになった。

部屋は釜めし店で一緒だった男性客と同室。男性客が持ち込んだパック酒を湯飲み茶碗に分けていただきながら、テレビをつけた。

未曾有の災害が日本を襲ったことを、私はこのとき初めて知ったのだった。

三　川下り再開は再び「鳩ノ巣」。「御嶽」までの寒中散歩です

二〇一二年二月一一日、午後二時ちょっと前。多摩川沿いを、酒を飲みつつ下り歩くというこの企画の三回目の取材に出かけた私は、JR青梅線、鳩ノ巣駅に降り立った。

あれからちょうど一一カ月かと、思う。

東日本大震災が発生した晩、鳩の巣の民宿に一夜の宿を求めて転がり込んでから、一一カ月が経っていた。

あの晩、テレビをつけたままで蒲団に入った私は、少しうつらうつらしては目を覚まして、被災地からの中継画像に見入った。被災地に近しい人がいるわけではないが、思い出深い酒場は港町に何軒かある。北上川の河口に近い一帯であったことを思うと、おそらく相当な被害に遭っているはずだ……。不安と恐怖が全身を包みこんでくるような一夜だった。

朝六時を過ぎて、同室に泊まったハイカーに挨拶をすませると、私は宿を出た。電車の運転は再開されたが、途中、踏切でいったん停車して確認しながら走る区間などもあり、同じ旧三多摩郡にある自宅までたどり着くのに四時間以上を要したと記憶する。それから一ヵ月の間、私は奥多摩に来ることはなかった。そして、またこうして訪ねる日が極寒の真冬であって、その日の午前中には関東で震度三の地震が発生していたことも、何か不思議な縁であるような気がした。

駅前からさっそく国道に出て、青梅方面へと歩き出す。左手の斜面の上に青梅線が走り、右手のがけ下に多摩川が流れるという構図は、これまでと変わらない。

綿パンの下に防寒用のアンダーウェアを穿いてきて正解だった。奥多摩はやはり、寒い。それでもダウンジャケットの上からリュックを背負い、それが背中にぴったりと密着感をもたらすので、勢いよく歩いてさえいれば、微《かす》かな温かみも萌《きざ》してきて逆に心地いい。それに今回は、リュックにウイスキーのポケット瓶を忍ばせている。

食堂もラーメン屋も蕎麦屋も何も見つからないような事態となれば、どこかでそっと河原へ下りてこのウイスキーをちびりとやろう。最初は喉を焼くウイスキーだが、ひとたび胃袋に落ちたらそこには温《ぬく》みの花が咲くのだ。ああ、気持ちよさそうだなあ。一人そんなことを思うだけでもけっこう楽しい。私は、どこまでもバカなのかもしれない。

道がわずかな下り坂であることも好都合で、日ごろ歩き慣れない私のようなものでも、ただ歩く分には疲れる心配はなかった。

麓に集落を抱く山の稜線の上方に、雲を透かして、そこだけ少し明るい空が見える。わずかばかりの日差しでも、顔を向けるとじんわりと温かい。車の行き来が途絶えたときに耳を澄ますと、はるか下方を流れる多摩川のどこかの瀬から微かな水音も聞こえるようだ。

山間の里の日暮れは意外なほどに早くやってくるが、今日はそのぎりぎり、西の空が暮れ始めるくらいまでは歩いてみようと思う。

そろそろ古里（コリと読みます）の駅かなと思いながら歩いていると、逆方から来たハイカーに声をかけられた。

「あの、お伺いしますが」

ハイカースタイルではない私を土地の人と思ったのだろうか。いやいやしかし、地元の人ならこの道を歩くことはまずない。なんでオレなんだと訝りながら、

「はい、なんでしょう」

と機嫌良さそうに答える。

「古里の駅はどっちでしょうか」

「逆じゃないですか。あれ？　今どちらから来られましたか」

「御岳から下りてきたんですけど」

私は先刻見たばかりの駅にある簡単な地図を思い返して合点がいった。御岳山から下山したとするとおそらくは吉野街道に出たのであって、そこから国道へ合流するあたりが古里駅付近だが、どうやら彼はそれを見落としたまま国道を上がって来たようなのだ。

「ああ、やっぱり、古里ならこの先、今私が向かっている方向だと思います。道の左側で、駅舎はかなり小さいですよ」

立川から青梅を経由し奥多摩へ入るとき、各駅に停まる電車の中から駅舎を見てきている。その記憶では、たしか古里駅は、かなりの小駅であった。

男性ハイカーは、大股で去って行き、そろそろ駅と思しき街並みが見えてきた。杉玉を下げた酒屋が見える。昔は造り酒屋であったのか。この杉玉は酒林と呼ぶこともあるそうで、その年の新酒の搾りが始まった、つまり、今年の酒ができましたぜ、と知らせるために軒下に吊るされたという。こんな光景を見ると、東京にもうまい地酒があることを思い出す。この飲み下り企画の途中で必ず寄ろうと思っている蔵元もあるのだ。ああ、楽しみだなぁ。

酒屋さんの向かいの和菓子店で、残り二個となっていた酒饅頭と大福の六個入りパ

建国記念日にて酒屋さんも休み。日の丸と杉玉がきれいでした

ックを買ってリュックに詰める。土産にするつもりだが、小腹が減ったら喰ってしまおうという思いもある。これも年のせいなのか。大福を喰いながら酒を飲むことこそないものの、饅頭、あんころ餅など甘いものが欲しくなることが多くなった。

原稿仕事でひーひー言っている真っ最中に、昔なら下手をしたらウイスキーに手を出していたこの私が、どこぞにクッキーはないかいなと棚をあさり、そこにチョコレートを見つけてにやついていたりすることも増えた。

まあ、そんなことはどうでもいい。**古里駅**でトイレを借りる。先のハイカーの姿は周囲にない。おい、まさかまた通り過ぎたか。知らねえよオレはもう。

ここから吉野街道へ入るべく、橋を渡る。今度は多摩川を左手にしながら歩くのだ。途中、杉の古木を祀ったお社があったり、御岳山への登山口があったり、人影はほとんどないものの、河原から続く森に古びたバンガローを配したキャンプ場などもあって、気候のいい季節にもう一度歩きに来ようと思わせる。

そうして奥多摩大橋というひどく立派な橋を再び渡ると、また国道四一一号へと戻る。このあたりが、古里の次、**川井駅**。無人駅で、なにしろ、駅舎のすぐ裏は民家だ。ここらあたりでちょっとばかりくたびれた。休みたい。いや、電車が来るなら乗ってもいい。なにも多摩川沿いをひたすら歩くことだけが目的ではないんだ。ああ、しか

街道沿いに和菓子屋さんを発見。赤飯を買いたいところですが……

し、電車はさっき行ったばかり。ここで待つか。大福とウイスキーで休憩するか……。

私はまた歩くことにした。次は御嶽《みたけ》駅。あそこまで行けば、いわゆるちょっと、街になるから店はあるだろう。よし、頑張ろう。ほどよく喉も渇いてきたではないか。最初のビールがうまいぞ、これは。

ここから御嶽駅までが、なぜかとても長く感じられた。国道沿いにまだ使っているらしい井戸のある光景など見ながら歩くのだが、やはり、歩き慣れないのか、足はなんでもないが、腰が痛む。

私の競馬好きの知り合いならこういうとき「参ったよ、腰キングになっちゃったよ」と言うところだが、腰が痛むこととキングとの相関は、私の理解の域を超えている。

さてさて、ようやくのことで御嶽駅へ着いた。ここで飲んで今回はお開き。私は駅前の中華屋さんに入った。

ビールと頼むと、生とキリンとアサヒですがというので、キリンの瓶をもらう。それから餃子を一枚。最初の一杯――。キュルキュルと自分で声を出しているのではないかというくらい喉が鳴った。うめえ。餃子が来るまでの間に一本空いてしまいそうな勢いだった。

四 「御嶽」でラーメンをいただき澤乃井の蔵を目指す

ささて、私はまたまた、御嶽駅にやって参りました。前回の飲み下りの最後に寄った中華屋さんを再訪したのであります。

とはいえ、ときは二〇一五年三月のことですから、前回から数えてざっと三年ぶりということになる。ずいぶんとご無沙汰をいたしました。

実はこの飲み下り、当初は『古典酒場』という伝説的飲兵衛ムックに連載をさせていただいていたのですが、連載の四回目の取材に出かけようかどうしようかというタイミングで、いったん休刊という運びになったのです。

それが二〇一三年の春のことで、まことに残念ながら企画は頓挫した。競馬の世界でも、当初の思惑通りに次のレースに向かえないことを一頓挫ありまして、なんてことを言いますが、私の場合もこの一頓挫です。けれども、頓挫というと、突然足を挫いて歩けないみたいなイメージですが、私はこれを、ひと休みくらいにしか感じない。それが私の気質、というか、日頃の酔いが深すぎてものを考えたり、ましてや悩んだりすることがなくなっている。絵に描いたような能天気なんです。

そして、能天気オジサンは再び御嶽駅へとやってきて、駅前の、そうそう、このお店だと確かに見覚えのある「東峯園」という中華料理店に入った。

店の奥のテーブルにつきます。

ここは中華のお店ですが、玉子丼もカツ丼もあれは、日本酒もある。肉、野菜をふんだんに盛った「みたけラーメン」なる一品もある。これにしようかなと思いつつ、まずは生ビールをいただく。

昼から飲むビールというのは、なぜかくもうまいのか。なんだかとても、ありがたい気がする。贅沢であるとも思う。きっと貧乏性なのでしょう。普通に昼飯を喰うだけのわずかな時間を少しばかり長くして一杯のビールを楽しむということが、私にとってはやはり、非日常の楽しみなのです。

冗談を言っちゃいけない、お前さんは昼からと言わず朝から酒を飲む輩ではないのかとお叱りをいただきそうでもありますが、昼酒を飲むたび、ありがてえな、贅沢の極みだなと思うのは私の勝手というもの。ここは開き直ってしまいたい。

御嶽駅前に中華の老舗あり。素朴なラーメンと生ビールで暫時休憩

ちなみに、鯵の開きとぬか漬けと大根の味噌汁、それから炊きたての飯を並べた朝飯に一本のビールを添えるときなどは、「ああ、ぼかぁ、シアワセだなあ〜、感謝しなくてはいけないな〜」と、非日常を通り越して至福、いや、敬虔な心持ちになるのであります。

昼から飲む一杯のビールには、それくらいの喜びがある。運ばれてきた生ビールのジョッキを持ち、しげしげと眺め、ひと口含むやジョッキを徐々に傾けてビールをごくり、ごくりとふた口ばかり飲む。上唇の上辺に泡が残る。ふーっ！　うまいねえ、やっぱり。

さて、何かおつまみになるものを頼もうかと品書きを見るのだが、肴となるものを注文した場合、ビールが二杯になるか、別のお酒をいただくか、いずれにしても、酒量の増加は間違いのないところだ。しかし、私はまだ、青梅線御嶽駅を下りたばかりで、これから川沿いに下ろうというタイミングであるから、酔ってしまうわけにはいかない。酔えば、腰を据えて飲んでしまうこと必定である。

そこで、ラーメンを頼む。普通のラーメンだ。やがて運ばれてきた丼の中身を見て、私は思わずにやりと笑ってしまった。

そうそう、こういうシンプルな、昔ながらのラーメンが、私は好きなのだ。

スープをするとあっさりした醬油味であり、刻みネギにメンマ、チャーシューは二枚。麺はやや太めである。ネギを一緒にすくいあげたチリレンゲを口に運び、ずずっとやり、その、塩気の残る口中に冷たい生ビールを流し込む。たまりませんな。

ここの麺のことを、永六輔さんが絶賛したというのですが、それも納得。卵を使った自家製の麺は他店で口にしたことのない独特の食感をもたらす。店内の壁に貼ってある新聞記事を読めば、店は昭和二一年創業。初代は、台湾のご出身ということである。終戦直後の御嶽駅周辺について想像もつかないけれど、多摩川で渓流魚が獲れただろうし、水田は少ないものの畑はあるから、各種野菜も採れただろう。なにより、戦後の復興に欠かせない木材の需要があったのではないか。そんなことを思う。

創業から七一年。こういう中華屋さんが御嶽に残っているのだ。と思えばまたまた、「ありがてえなあ」のひと言が漏れようというものだ。

店を出た私は、駅で手に入れた観光ガイドの裏面に掲載された五万分の一の地図を頼りに、御岳橋を渡って左折、吉野街道へ出た。ここは、有名な川合玉堂の美術館のすぐ近くだ。

美術館もいいが、ちょうど腹ごしらえができたばかりでもある。先を急ぎたい。

私は、渓谷へ下る選択肢があることも一顧だにせず、スタスタと吉野街道を下った。

大きな駐車場に着いた。

寒山寺の駐車場である。この寺には以前にも来たことがあるのだが、吉野街道から下りていくのは初めてである。ごくごく小さな無住の寺であるが、渓谷の斜面に建っていて、独特の鄙びた風情もあり、お堂へ上がる手前には、これまたこぢんまりとした鐘楼がある。

お友達と連れだってやってきたお母さん、鐘楼へ上がって鐘を突く。照れも遠慮もあったものじゃない。ああなると、強いですな、人間というものは。

私は、寺に賽銭を投げ、お参りをした。信心はほとんどない私だが、この、多摩川飲み下りの道中では、寺社仏閣、目についたところには立ち止まりたいと考えている。気の向くままに歩き、疲れたら酒を飲める場所に休む。そういうそぞろ歩きを続けていると、土地でもっとも古いもの、というより、今なお形を変えぬものの筆頭が、神社であり、寺であることがよくわかる。

酒蔵や古民家などにも古いものはある。しかしそれらはやはり建てなおしを経たものであるし、本来であればもっとも姿を変えないのが自然の景観であるはずなのだが、川ひとつをとっても、この半世紀の間にどれだけ変貌したことだろう。私の知る限りでも、多摩川の水質は一度地獄を見てから復活してくるなど、その変わりようは、以

寒山寺から吊り橋を渡ると銘酒澤乃井の小澤酒造の前に出ました

前の姿を想い起こせぬくらいである。だからこそ、神社や寺、その裏手の森など、変えぬことが当然とされてきたスポットに、気づく限り足を止めてみたいと思うのです。

楓橋という吊り橋を渡る。「まゝごと屋」という、これも有名な料理屋があり、その先へ抜けると、小澤酒造の蔵がある。東京の銘酒「澤乃井」をつくる伝統の蔵で、私は取材でも訪れたことがあるし、家族を連れて見学ツアーに参加し、うまい酒の試飲を楽しんだこともある。

ツアー客は、洞窟のような場所に必ず案内される。なんだろうここは、と訝しみながら入っていくと、奥に窓がついていて、その向こうには、水があふれているのだ。秩父山系の岩盤をくぐって磨かれたこの清冽な水で、「澤乃井」はつくられている。そう説明を聞いて飲みたくならないわけがない。

米と水と、人の手と。この三つが一〇〇年、二〇〇年、いやもっと長い時間をかけて、うまい酒を生み出してきた。秋の実りは、その年の成果であり、一年が無事過ぎることの喜びだ。その年の米でつくる最初の酒ができあがると、酒蔵は軒に新しい杉玉（酒林）を下げる。そういう、地味だが変わらぬ営みが、ほかならぬ青梅の、この場所で、今も受け継がれている。酒蔵の前に立ち、私は感慨深い。

いやいや、酒蔵を見ただけで、飲みたい気分にまた火が点いただけのことである。

五　蔵の横で角打ち発見、「日向和田」までズンズン歩く

青梅線**沢井駅**にほど近い小澤酒造の前までやってきた。

石垣の向こうの風格ある日本建築を見ると、にわかにその由緒に関心をもって当然ですが、創業年を知るだけでも、ははあ、とため息が出ますよ。

なにしろこの地で酒をつくり始めたのが元禄一五年。忠臣蔵ですよ。播州赤穂浅野家の四七人の浪士が、両国回向院裏の吉良上野介の屋敷に踏み込み、浅野内匠頭の恨みを晴らすべしと激闘の末、吉良さんの首はねちまったという、あの、討ち入りが元禄一五年の師走のことだ。

江戸でどうにも血なまぐさいことが起こっていたとき、武蔵の国のはるか西方、青梅の里では、銘酒の最初のひと搾りが行なわれていたと知れば、メンツや策謀に命を削るお武家さまより、酒の一滴は血の一滴（と誰かが言ったかどうかは知りません

よ!)とばかりに、うまい酒づくりに全霊を傾けたであろう青梅の人々のほうが、肌が合う。

小澤酒造での仕込みは四月が最後、搾りは五月まで行なうというようなことを以前に聞いたような気がする。だから、今、蔵へ見学に入れば、酒を醸す得も言われぬ匂いに包まれることは間違いない。どうする? 見学ツアーの時間まで待って中へ入るか?

私は短時間だが、迷いに迷った。しかし、蔵巡りはしないと決めた。

何度か見たことがあるのが理由のひとつ。加えて、蔵のすぐ横の酒屋さんで「澤乃井」を販売していることを知っていたからだ。

「あそこで小さいのを一本買って、本日の飲み下りの供《とも》としよう」

あえてカギ括弧でセリフみたいにしたのは、私がこの一行ほどの思いを、胸の中で呟いただけなのか、それとも、本当に、けっこうな大音響のひとり言として発していたのか、定かではないからです。

酒屋さんの名前は、「福島屋酒店」。場所は小澤酒造の門のすぐ隣です。

入ってみて、驚いた。ここもおそらく三度目か四度目くらいの訪問ですが、このたびふらりと入ってみれば、店の一部が角打《かくう》ちになっているではありませんか。

角打ちというのは、「酒屋さんの店内で立ち飲みするスタイル」、もしくは「飲める酒屋さん」くらいを意味する言い方かと思いますが、なんと、その角打ちが、青梅街道沿いの、しかも銘酒の酒蔵の隣にあったのだ。

「角打ち、始めたんスか！」

見りゃわかることを、五二歳の私は訊くのである。すると店番をしていたお母さんは、にっこり笑って言ったのだった。

「隣の社長さんがね。角打ち始めたらどうかって、勧めてくれたんです」

隣の社長さんって？　おお、小澤酒造の社長さんということか。

元禄の討ち入りの年から酒づくりを始め、先に触れた寒山寺の建立や、青梅線の開発にも尽力し、現在の「ま、ごと屋」につながる割烹旅館の経営も早くから手がけた名門が、お隣さんの酒屋さんに、角打ちを提案したというのだ。

いい話だなあ、と私は思った。酒蔵と酒販店は近い世界にいるようでいて、業態としてはまったく別だ。けれど、互いを抜きにしては成り立たない。巷間《こうかん》言われるところの風上と風下にあって互いに支え合う仲。酒蔵と角打ちは直結している（私だけの感想かもしれませんが）。

それはともかく、沢井の地に来た人が、寺に参り、川の畔に憩い、酒蔵を見た後で、酒屋さんに寄る。そこで、自宅へ送る酒をあれにするかこれにするかと迷う間にも、店内の白木のカウンターで、「角打ち」を決め込むのである。いい流れではないですか。私も、まったくこの通りの道筋をたどり、角打ちで「澤乃井　本醸　生」のキャップをひねってくいっとやりつつ店内を物色。ああ、あったあ！　とばかりにはしゃいだ気分で買い求めたのは「澤乃井　大吟醸　酒の華」。これ、酒じゃない。酒粕であります。

極上の酒粕が手に入る喜びというのは格別で、粕漬け、粕汁にはもちろんだが、これを湯に溶いて、砂糖とすりおろしたショウガを加え、少しばかりの塩で整えた超簡単甘酒を、私の家族も、ことのほか喜ぶからである。

大吟醸でなくてもいい。普通酒に使う酒の粕で十分。機械で搾った通称「板粕」でもいい。新しい酒粕一袋を持って帰るだけで、我が家の冷蔵庫の中に、日本酒が熟するときの、果物のようなヨーグルトのような、それでいてやはりこれは酒である、と思わせる芳醇な匂いが漂うのだ。私は、実はそれだけでも嬉しくて、酒処に行けば必ず、粕を買う。

さあ、店を出よう。小瓶の酒は飲みきらずにキャップをして、リュックの脇ポケットの、ミネラルウォーターとは逆側のポケットに差しこんだ。

ここが角打ちの内部。散歩の途中で、ゆっくり銘酒を楽しめます

先刻歩いた吉野街道は、時刻の関係なのか、やたらとダンプカーが多く、背後から来るダンプに追い抜かれるたびに轢き殺されるような気がして落ち着かなかった。だから、「福島屋酒店」を出てからは、店が面している青梅街道沿いを歩くことにした。

途中、**軍畑駅**《いくさばたえき》近くでは、大橋のあたりで、川面を近くに眺められた。釣りをしたいなと思う。釣り人の姿はないのだが、日がな一日、釣り糸を垂れて、日暮れて竿を納め、近くの民宿で風呂に入る。土地の野菜の煮物などつまみに酒を飲み、ぐっすりと寝て翌朝は暗いうちから起き出して河原へ出る。そんなことがしたいなあと、もう一〇年来の願いがふいに膨らんだりします。ごく少量とはいえ、昼の酒で、もう軽く酔っているのかもしれません。

青梅街道は、JR青梅線にぴったりと沿うように続く。しばし多摩川の流れを見下ろした私は、また、青梅街道をスタスタと歩きます。

左手に、**二俣尾駅**が現れた。橋上駅で、見えているのは南口の階段。その横の大樹は桜か。実に立派な木の根方に郵便ポストがひとつあるきりの光景。そこに、まさに今、バイクに乗った郵便集配人が到着した。ほかに人影はない。こういう景色にぐっとくる。

駅を過ぎると、道沿いに、「主婦の友」という巨大看板を掲げた書店が見えてきた。看板の背後は瓦屋根。昔ながらの平屋だけれど、店頭のラックには、週刊誌や各種情報誌がぎっしり。奥に実用書や話題作なども取りそろえているように見えた。私が若かったころには、地元にいくつかあったタイプの書店さんである。

さらに行くと、寺の総門に行きあたった。その門の向こう、青梅線を踏切で渡ると山門や本堂があるらしい。かつてこの地を治め、後に北條氏に滅ぼされた三田氏の菩提寺、海禅寺。曹洞宗の禅寺である。

さてどんな寺だろうと、踏切へ向かいかけて足が止まった。総門脇の石柱に刻まれている文字を読んだからである。

不許葷酒《くんしゅ》入山門

葷ってナンだ？　にわかにわからない。薫るって字の変形版かな？　だとすれば、酒の匂いのする者、山門を入るを許さず、ってなことになりますな。

まあ、そんなところだろうと思って寺見学を早々に諦めるのでありますが、葷の意味、後で調べてさらに笑いました。葷は、ネギ、ニンニク、ラッキョウ、タマネギ、ニラなど匂いの強い野菜のことだそうで、ああいう匂いのきついものと酒は寺では厳禁ということらしいのです。

この日、昼に刻んだネギののったラーメンとビール、その後日本酒も足しておりましたから、私などはこの門をほぼ間違いなくくぐれないのでありました。仕方がない、と言ってはナンですけれども、次の石神前駅近くの石神社には立ち寄って、大銀杏を眺めることができた。

さて、そろそろ残りの酒を飲みたい。タバコも一本吸いたい。しかし青梅街道を歩きながらでは味気ないし、かと言って、鎮座の年代の詳細はわからずという古き社の境内で失敬するわけにもいかぬ。

私は、バテ気味であるのだが、鉄道にしてもうひと駅、日向和田駅まで歩いた。今日はこのあたりまでかな……。リュックを下ろし、脇のポケットから小瓶の「澤乃井」を取り出す。

ひと口、また、ひと口。うまいねえ。

駅のホームで、ちらちらと、こちらを見ている若者がいる。けれど私は気にしない。というより、歳を喰って、気にしなくなった。どうだい、君も一杯やらないか。そんなふうに声をかけたくなるほどに穏やかかな、夕暮れの一杯である。

私にかかれば、青梅線の電車を待つ駅のホームも飲みスポットだ

六　梅を干す家の前を通って川辺へ下る。最高の気分です

さて、またまた某日。ＪＲ青梅線日向和田駅から飲み下りは再開するのですが、駅改札を出て左、青梅街道を青梅方面へ歩きだすとすぐ、お菓子屋さんがありました。お赤飯、とか、酒まんじゅう、なんて文字が、店に近付く私の目に飛び込んできた。私は酒飲みですが、饅頭は好きで、赤飯も目にとまれば必ずほしくなる。つまり、和菓子屋さんの前を通るときには、ちょっと中を覗きたくなる。しかし、なんということだろう、この日、「は万乃」という木製看板（扁額と言うべきか）を掲げたその店は、お休みなのであった。

饅頭は、酒饅頭に目がない家内への土産にするとして、赤飯のほうは、途中のどこかで多摩川の河原へ下りる際に、近くの酒屋かコンビニでビールなど買ってひとりピクニックをする、そのつまみとして、最適であると咄嗟に考えていた。お祭りの屋台

で焼きそばをたっぷりとつめてゴムでとめるもっとも安手のフードパックがあるけれど、赤飯の二文字を見た私の手はすでに、あのプラスチックパックにむっちりと盛られた赤飯の、いつも意外なほどにずっしりとくる重量感を感じていたのだ。ちなみに赤飯は、塩気が強すぎるほうが私は好きで、しょっぱくて、それでいてホクホクとしていれば、日本酒との相性もいいと思っている。

とはいえ、お店がやってないのではしかたがない。ぶらぶらと、街道沿いを歩く。すると、道路に面した民家の玄関先に、プラスチック製の矩形の籠が置かれ、なかに、渋い赤味を帯びて皺のよった梅の実がずらりと並んで日光を浴びているのであった。

立派なサイズの、いい梅。梅雨の晴れ間の天日干しだ。そう思えば、春に御嶽駅からこのあたりまで歩いてから、だいぶ時間が経っていることに改めて気づく。雨の多い春に歩きそびれ、その後もあれこれと公私ともに小忙しかったから、その間にも季節は変わっていたのだ。けれど、青梅の里の文字通りの青い梅の実を眺めることはできなかったとは言え、いよいよこれから終盤を迎える梅干し作りの、天日干しの走りを見られたのだから、かえって幸運というべきかもしれない。

このあたりに寺があったはずだ。

私は地図を出して眺めた。すると、通りかかった笑顔のすばらしいお爺さんが話しかけてきた。

「駅なら、つま先の向いているほう！」

私の足元を指差して言う。青梅街道をそのまま行けば駅、ということなのだろうが、そのとき立ち止まって地図を見ていた私のつま先は、実はやや別の方向を指していたから、一瞬、戸惑うのだ。

「あ、あの、つま先の方向ですか？」

「駅なら、つま先の向いているほう！」

老人は、日に焼けた丸顔に、ふたたび皺を刻んで笑い、同じ言葉を繰り返した。

「わかりました。ありがとうございます！」

そう言って青梅街道をそのまま進む私を、お爺さんはじっと見守っていたようで、私が何気なしに振り返ると、三度笑顔をつくって、うんうん、と頷いた。

そう、そっちが駅だよ……。笑顔がそう言っている。

私はなんだか急に酒を飲みたくなった。日盛りだが、冷酒の一杯を、くいっとやってしまいたい。

どこぞに酒屋さんはありませぬか？　そんな気分で歩き始めた私の視界に、小さい

青梅の里で、立派な梅を干している。いい光景を眺めつつ歩きます

けれどなんとも渋い門が見えてきた。先刻地図で確かめようとした、明白院という寺である。

松の枝が覆いかぶさるように見える古びた門は、茅葺のようである。石段を上がり、門の脇の案内板を読む。

創建は天正年間。山門は日向和田の館の城にあったのものを創建時に移築したとある。木造茅葺、青梅界隈に現存する中でもひときわ古いものであるらしい。

山門をくぐり、そのまた奥の木造の、けれどこれは茅葺ではない門をくぐって境内に入る。

本堂の前に立ち、賽銭を投げ、手を合わせる。この寺も曹洞宗、禅寺だ。こんな古刹で座ることを学ぶのも長年の夢ではある。以前、雑誌の企画で一泊の間に二度ほど座禅を組んだことがあるけれど、朝夕それぞれ一〇分ずつの体験コースで、本来であれば一本四〇分を一日何回もという修行には程遠かった。それでも今思えば、たかだか一〇分、何も想わずに座ることは、簡単ではなかった。

青梅の里の、こんな静かな禅寺ならば、私にもできるのではないか……。そんなふうに思うわけですが、それにはまずは足の関節を柔らかくして座禅を組めるようにしなくてはならないと、前かがみになって我が強烈な短足を見つめる。そして、さっそく今夜から、ストレッチを始めようと、また、そのときだけの決意を胸に、寺を後にしたのだった。

道の反対側は、多摩川に向けて急坂になっている。家と家の間に、細い路地、というより階段がある。そこをスタスタと下りて行けば、庭先にまた、梅を干す家が見つかった。

下って突き当り、左か右かいずれかに曲がってまた土地の傾斜に合わせて下っていく道をたどると、木々の葉の緑の匂いに、川の水の匂いが混ざってくる。日陰にはいい風が吹き、古い民家の玄関先から、蚊遣の煙の匂いも流れてくる。

塀の向こうに園地が見える。よく手入れをされた庭木も見える。地図にあった庭園のようだ。

回りこんで門の前へ出ると、名称がわかった。臨川庭園。まさに川に臨む庭園で、もとは青梅出身の政治家、津雲国利の別荘であり、現在は青梅市が管理している。あいにくの休園日で庭を見られないのは残念だが、門の前の道はさらに川岸に近い方へと続いているから、私は迷わず、そちらに向けて歩いた。

水音がひときわ大きくなってきて、少し険しくなった道をさらに下ると、木々の間から、多摩川の清流を眺めることができた。

座れる場所もないから、ここで持参のポケットウイスキーを飲む、というわけにはいかないのがまた、ひどく残念である。

しかたなく川岸を離れるのだが、もと来た方向へと登る途中で、多摩川の本流とは別の流れの音が聞こえてきた。ごくごく小さな川で、落差一〇センチほどのいくつもの滝が、水音の原因とすぐにわかった。「しんめいこばし」という小橋が架かってい て、さらに下ってすぐ、多摩川に合流するらしい。

この界隈に住むのは最高だろうなと思う。春先からは川岸の木立に鶯をはじめ小鳥が鳴き声を競わせ、夏には、夕立の後に水量を増した川の水音が響き、秋には河原で見る月、冬の冷え込む朝には川面をはう朝霧などなど、想像しただけでも身震いをしたくなるほどに、魅力的な景色が浮かんでくる。

それから釣りだ。岸から朝な夕なにルアーを投げる、なんてことが日常の楽しみになるのだとしたら、日常が格別、つまり非日常であるという、ちょっと意味のわからない状態になってくる。私はますます酒が飲みたくなって、今度こそ、もと来た道、青梅街道へと戻った。このあたり、本日の出発地点である日向和田駅よりひとつ青梅市街寄りの宮ノ平駅と、青梅駅の中ほどにあたる。

とりあえず青梅駅を目指すのは、駅周辺で、蕎麦屋酒でも楽しみたいと思うからだ。

多摩川と合流する細い流れは、木々に覆われて見るからに涼しそう

御嶽駅では中華屋さんにお邪魔したから、ラーメンや餃子系より、やはり蕎麦がいい。出発が遅めであったから、時刻もそろそろ夕刻だ。青梅駅界隈をまったくといっていいほど知らないが、まあ、なんとかなるだろうという気楽な構えで、ほどなく駅まで到着した。

ところが、ここで困った。

飲めそうな場所が、見つからないのだ！

七　酷暑の中を歩きに歩いて、「青梅」で鰻を奮発します

宮ノ平駅から青梅駅へ向かう途中に、店がなかったわけではない。最初に目についたのは、「梅園」という平屋の中華屋さんである。入口には白地に赤で、「ラーメン」と染められた暖簾。店の横には、後部荷台の上に岡持ちをぶらさげたホンダのカブが停めてある。正統である。トラディショナルと呼びたくなる。ラーメンとチャーハンが似合う店である。

しかしながら、この日は相当に暑い日であって、熱いラーメンをすする気になれない。まずはビールで板わさ、冷酒にかえて蕎麦味噌と鴨肉、それから、もり蕎麦を一枚、そんな感じで涼みたいのだ。

それで、必然的に蕎麦屋と思しき店に目が向くのだけれど、二軒見つけたいずれの店も、定休日なのか昼と夜の間の休憩なのか。とにかく、店はやっていないのだった。

こうして、しかたなしにトボトボ歩くうち、青梅駅に着いてしまったのであり、駅周辺を見まわして、蕎麦前を楽しめそうな構えの店が見当たらず、困ったことになったのだ。なにしろ、もう、飲みたくてしかたがない。

午後のお休み時間をとっている店も、五時ともなれば夜の営業を始めるのではないか……。このときの時刻は四時半を過ぎたところだったから、あと小三〇分、街をぶらついてみることにした。

旧青梅街道には、ここがかつてのメインストリートであったことがすぐにわかる構えの店が面している。有名な赤塚不二夫会館があるのもこの通りだが、道の同じ側に、呉服屋さんがあったりする。路地を入れば、昔ながらの写真館もある。

私は、間口の広い文房具屋さんに入った。文房具屋さんの匂いとしか言いようがない、というか、なんとも懐かしい匂いがして嬉しいのだが、店内を見渡すと、ぽち袋からタイムレコーダーまで売っている。店の外にはタイプライターとか子供用のおもちゃ、ゴム毬まで並べてあった。

通りには、古民家を利用した、祭り用品の専門店もあった。近くの住吉神社の例祭は、青梅界隈最大のお祭りと聞くが、そういう祭りの伝統も、古い街の証し。府中の大國魂神社界隈にも、祭り好きの伝統が残るが、それは青梅も同じらしい。祭り好きが残っているというより、神事としてのお祭りをきちんと受け継ぐ土地の気風がある。手ぬぐい、半纏《はんてん》、法被《はっぴ》にお面などなど、祭り用品の数々は、眺めるだけでも楽しいものです。

さて、いよいよ午後五時を回るころになって、一本線路側の道に入ってみました。街灯にぶらさげてある看板を見れば、ここは「仲通り」。その下を見ると、「ぶらり青梅宿　昭和の小路」という、テレビの散歩番組のタイトルみたいな案内板もさがっている。

「うなぎ」の幟《のぼり》が立っている。あそこだ、あそこだ、とはやる気持ちを抑えつつ店の近くへいくと、玄関右手に板塀を配したその家は木造三階建て。かつての料亭を思わせる。

蕎麦やめて、鰻にするか。さっきまで蕎麦酒と思い決めていたのが嘘のように気持ちが変わる。店名は「寿々喜家」さん。入口へ行くと、ちょっと一杯飲む人のための、居酒屋メニューもあるとわかる。

ここだ、ここだ。なにしろ、飲みたい！　と思ってから、かなりの時間が経っている。一刻も早く、冷たいビールをこの喉に流し込まなければならない。

ガラリと扉を開ける。まだ暖簾は出ていなかったけれど、午後五時が夜の部の開始時刻のようで、ちょうど店を開けるところだったらしい。

まずはビール。キリンの大瓶をいただき、喉を鳴らして飲む。ほどなくして出てきた茹でたての枝豆の、歯ごたえ、塩加減も抜群で、いよいよ気分が高まってくる。茄子の揚げだしを追加。酒は、スダチのサワーに切り替える。どちらも申し分ない。

メニューをめくっていくと、この店の由来をまとめた紙がファイルされてあった。創業はなんと明治三四年。駅前の芝居小屋に弁当を納めていたが、昭和初期に現在の場所に移転、割烹料理屋として発展したという。織物の街であり、宿場町でもあった青梅には花街もあり、かつては、相当な賑わいを見せたらしい。

伝統は、家の風格に現れている。カウンターの中の広い厨房で、旦那さんが鰻をさばき、奥の焼き場で焼き方を担当するのは、お母様だろう。そして、お運びをしてくれるのが旦那さんの奥さん。長く続く、つまり長く愛される味を守る店というのは、やはり家族経営なんでしょう。メニューに挟んである資料を読めば、旦那さんが四代目であるとわかる。

カウンターでビールを飲んでいるお客さんが、持ち帰りの鰻を頼んだ。

「お弁当でいいですか」

「ああ、弁当で」

炭火に炙られる鰻から、煙があがっている。タレの焦げるいい匂いが漂ってくる。私は、いてもたってもいられない気分になっている。茄子の揚げだしとスダチサワーに別れを告げるときがきたのだ。

「肝焼き、お願いします。それから、冷酒もお願いします」

頼んだ酒は、先般、蔵の隣の酒屋さんで求めたのと同じ「澤乃井　本醸　生」。これが冷蔵庫から取り出された。飲む前から、きりっとした飲み口が想像されて、すでにして、はしゃいだ気分になってくる。

肝焼きの串が運ばれてきた。いよいよ、鰻タイムに突入する。串に刺した肝焼きに山椒をふって上下の前歯で挟んで串から外す。温かい肝は噛めばほろ苦く、香ばしく、山椒が鼻に抜けると同時にタレのほんのりとした甘さが口に広がる。

鰻の肝はいわば希少部位であるから、その肝を串刺しにして焼き、酒の肴にするのはちょっとした贅沢でしょう。けれど、これを抜きにして「鰻で飲んだ」ことにならないような気もしているからやっかいだ。蕎麦屋で軽く一杯というときに、板わさや出汁巻き卵を食べないわけにはいかないのと、少し似ているかもしれない。

辛めの冷酒が、甘みのあるタレに、よく合う。肝焼きはあっという間に胃袋に収まってしまうから、次なる注文を急ぐ必要もある。

白焼き、ですな、ここはやはり。ワサビと醬油で、いただくのだ。冷酒には白焼きだねえ。にんまりと笑いながら、無言でいただく。

しかしこれも、すぐに腹に収まってしまうから、さらに追加を頼もう。

鰻重であります。このとき、単に蒲焼きにして、米を腹に入れず、まだまだ飲むという流れにする手もあるのですが、タレの滲みた米を、ふんわり焼き上がった鰻もろとも搔き込む欲求があっさり勝利したのだった。

肝吸いにお新香、そして、鰻の重箱。ああ、いい眺めですな。酒をもう一本だ。

鰻重をたちまち空にしてしまったところで、吸い物の残りと漬物で、十分に飲める。しかしながら、やはり、もともと食が太くないから、このあたりでだいぶ満腹感に近いものを感じてきた。うーん、まだ飲みたいのに、腹が膨れ切っては先が続かないではないか……。

そのときだ。カウンターのお父さんの手元に、先ほど頼んだ鰻の弁当の包みがあるのに気づいた。

その手があったか。鰻弁当なら冷めてもうまい。家に帰って、もう一杯やりなおしながら、弁当をつつく……。ああ、その手があったのだな……。

なんだか妙に未練がましい感じになっておりますが、それくらい、鰻も酒もうまい、

本日は贅沢に鰻屋さんの暖簾をくぐる。白焼きで冷酒です

ってことなんです。

いい店に巡り合いました。なにしろ、青梅に住んだ吉川英治や、吉川を訪ねた帰りに一緒に訪れた池波正太郎が贔屓にしたという老舗なのだ。それでいて、店の雰囲気はいたってざっくばらん。というか、肩に力を入れずに寛ぐことができる。たまにゃ、これくらいの贅沢もいいものです。

あれこれつまんだ締めにはやはり鰻重。疲れもふっとぶうまさです

八　コロッケ、唐揚げをつまみに河原で缶ビールランチ！

さあ、今回もJR青梅駅から再開いたします。前回は、たどり着いた老舗で鰻と日本酒を堪能したわけですが、なんともまあ、贅沢な夕べでございました。そこで今回は、また、川沿いを目指すことにいたします。

青梅駅を出て、鰻屋さんのある通りへの入口を越えて、旧青梅街道へ出たら左折して、前回立ち寄った文具屋さんのある通りの、今度は右側を歩く。

するとほどなくして、お肉屋さんに行きあたった。昔ながらの精肉店。いいですね、こういう店にはつい、立ち寄りたくなる。コロッケや唐揚げに惹かれるのはまあ当然だけれど、店をちょっと覗きたい理由はそればかりではない。

肉屋に限ったことではなく、昔のお使いというのは、子どもにとって、なかなかに緊張する経験だった。

魚屋や八百屋の店頭は、店のオヤジや奥さんがでっかい声で呼びかわしているから、たとえば「大根ください」「秋刀魚をください」と言いだす勇気が出ない。

「はい、なんにしよ？」

と声をかけてもらってようやく言葉を発するものの相手に聞こえず、「なに？」と訊き直されてようやく張った声は「ダイコンください！」と逆に響き渡ったりしてたいそう恥ずかしかった。

肉屋の注文は輪をかけて難しかった。店の大将なり奥さんなりは、商品ケースの向こう側にいて、背の低い子どもからは、そもそもよく見えない。「ブタニククださい！」と叫べたとしても、「ロース？　コマ切れ？」と返されるし、たまに「ギュウニク！」と叫んだときには「一〇〇グラムいくらの？」と訊かれてタジタジとなった。

うーん、今、思い返しても汗が出る。それに比べると酒屋というものは、幼心に、気持ちが通いあっているなと思ったものです。

「味噌と、ビール、後で届けてください」

これで済む。なんでか。理由がある。

酒屋さんのほうで、あの子は酒飲みのオータケさんの次男だと、まずは私のことを知っている。そして、味噌はいつもの味噌、ビールは大瓶一ケース。と、注文の内容も把握している。あとはそれを玄関先に届けるだけ。私が店頭を訪れた際にカネを払わないのは、この酒屋さんにツケがきいたからだ。

だから私は、肉屋、八百屋、魚屋と続く緊張の連続に耐えた後、酒屋でほっとひと息ついてから帰宅したのである。私は今も、酒屋の店頭で飲む角打ちというスタイルを好むが、その背景にはこうした幼少期の酒屋体験が隠れているのかもしれない。

一方で、あの頃はやたら緊張した肉屋、八百屋、魚屋の店頭が、今は逆に、たいそう好きになっている。

肉屋のショーケースを覗く。ソテーにしたらうまそうな豚ロースの塊が見える。スーパーだと塊を目にしないが、街の精肉店のケースには今も、それを見ることができる。ソテーにしたいんだけど。これ、うまいよ。何枚切りましょう。本当は二枚でいいのに、三枚もらっておこうか……。そんなことがすぐに頭に浮かぶが、視界の片隅では、一〇〇グラム一〇〇〇円を超すすき焼き用牛肉も認識している。ああ、先週のメインレースで馬券がとれていりゃこいつが買えたんだがな……。

魚屋さんの店頭でも同じことが起こる。鯵は叩いてもらい、〆鯖と銀鱈の西京漬けは店のお母さんお手製のを包んでもらい、鯛のアラで、潮汁にするか。

「出汁や醤油はすこし入れたほうがいいですかね？」

「お汁ならもう、お塩だけで十分よ」

元気のいい魚屋の奥さんが教えてくれる。

ということで、昨今は、個人経営の肉屋さん、魚屋さんがあれば、ふらりと寄ってみることが多い（八百屋さんが減りましたなあ）のですが、この日も、青梅で、肉屋さんの前を素通りすることはできなかった。

で、何を買うのか。結局のところ、唐揚げとコロッケなのである。なにしろ多摩川飲み下りの最中だから、生肉を持ち歩くわけにもいかない。

それでも、この日私が背負っていたリュックには、ごく小さな保冷袋が入っており、その中には缶ビールが、凍らせたカルピスウォーターのペットボトルと一緒に仕込んであるのだ。こうしておくと、ビールはずっと冷えたまま。気ままな場所でリュックを下ろし、ひとりピクニック酒を楽しむことができる。

しばらくで右折し、秋川街道へ入る。坂を下っていくと、橋が見えてきた。

橋の名前は**調布橋**。織物の生産が盛んだったこのあたりはかつて調布村と呼ばれ、多摩川を渡るための渡し舟が行き来していた。

そこへ土地の有志たちが最初の橋を架けたのが大正一一年。その後、東京府が昭和一〇年に近代的な橋を架け直し、現在の橋は平成五年に完成した三代目で、幅一六メートルの、立派な橋だ。

そこを渡りながら川を見下ろす。自然のままの両岸の間を、たっぷりとした水が流れる。右手は深い木立になっている。護岸も川岸の道もない自然のままの川の姿は、やはり美しい。

橋を渡りきり、幅広い道との交差点で左折する。この道は、また、吉野街道である。地図を見ると、このあたりは多摩川の川沿いとはいえ、川の姿を見られる場所ではない。そこで、吉野街道を、ただただ歩く。二キロ近く歩いただろうか。地図にある友田小学校の裏手あたりが、どうやらレジャースポットになっているらしい。川沿いである。

街道から川へ向かい、そろそろと下りていくと視界が開けた。河川敷のグラウンドである。

芝のきれいなグラウンドが広がっていて、その先に木立が見える。

私は迷わずそこへ行ってベンチに腰掛け、リュックを下ろした。もちろん、ビールを取り出す。そして、唐揚げとコロッケを取り出す。ついでに、途中のセブン-イレブンで買ってきたレタスとハムのサンドイッチも取り出す。

木立の近くのベンチから、鬱蒼とした木立を見れば、ああ、そこには、「マムシ注

調布橋から見下ろす多摩川の流れ。岸に家もなく上流の風景です

意」の看板がある。青大将は好きだが、マムシは無理だ。

私は、川沿いに場所を移し、さきの品々を並べ直し、ビールを開ける。唐揚げ、コロッケ、それからサンドイッチ。五〇歳を過ぎてどうなんだろうな思うのだが、ひとりでこういうことをしていて、実は、本当に楽しいのである。

横にはテニスコートもあったから、ボールのひとつも落ちてはいないかと探してしまう。見つかったとして何をするか。

ひとりランチを腹におさめた後で芝生に仰臥し、黄色い毛の硬式テニスボールを飽かずに放りあげてはキャッチすることだろう。その昔、そう、肉屋で注文を大声で発するのに苦労していた子どもの頃、暇さえあれば団地の壁に軟式野球ボールを投げつけてはキャッチしていた、あれとまったく同じことを、繰り返すだろうと思った。

空は青く、川辺に、いい風が吹いている。

河原の運動場に出ました。真夏の日差しの下でビールとランチです

九　「羽村」のチェーン居酒屋さんで生ビールを一気飲み！

テニスボールは見つからず、ただぼんやりと芝生に寝転がること、三〇分ほどだったでしょうか。

ほんの少しのうたた寝を終えると、私は身体を起こし、リュックのポケットから地図帳を取り出した。昭文社の『でか字まっぷ　東京多摩』。同じく昭文社の東京全図も持参しており、多摩川の右岸左岸どちら岸を下るかなど、少しばかり長い距離を見渡しながら行く道を考えたいときには、この折り畳み地図を開く。多摩地域の縮尺は六万分の一。かなり使い勝手のいい地図です。

が、歩き歩き、立ち止まっては曲がり角の確認をするときには、ポケットにすっぽり収まってしまう文庫サイズの地図帳が便利です。しかも、でか字、であります。昨今、これがなによりありがたい。

地図を見る。

今いるスポーツグラウンドから吉野街道へ戻ると、道はそのままあきる野市に向かっていく。河口に向けて右岸を下るかっこうになる。やがて吉野街道は多摩川の流れから少しそれて滝山街道と名を変え、JR五日市線の秋川駅近くを抜けて、その先、さらに進むと八王子市に入っていく。

この道筋も捨てがたい。だが、やはり、それだと多摩川から離れすぎだという気もして、私は吉野街道の友田界隈から左折して多摩川橋を渡り、羽村市への境を越えた。電車の路線で言うとまた青梅線方面を目指すことになる。このまま青梅線に到達するならば、駅で言うと、小作駅あたりに着くと見当をつけていた。

ところが、どうやら、道を間違えたのである。新奥多摩街道へ出たら右折して、しばらくして左折すれば小作駅方面であろうと、思いこんでいた。

その結果、新奥多摩街道の一本手前の奥多摩街道との交差点で右折してしまったらしい。交差点名で言うと、小作坂上から小作駅へアプローチするはずが、小作坂下交差点から奥多摩街道へ入ってしまったので、それからしばらく歩いても、駅方面はこちらという案内板に行きあたらない。そもそも、街道を間違えただけでなく、方向も違っていたのだ。電信柱の住所表示に羽加美とあるのを発見してようやく間違いに気づく頃には、そのまま歩けばほどなくして羽村の取水堰に出ると了解された。

羽村堰は、多摩川と玉川上水の分岐点。この堰で止めた多摩川の水を玉川上水に流したわけですが、上水の工事の完成が一六五四年。えーっと、江戸時代ですな。急激に増える江戸市中の人口。それにともない不足する飲料水。これを補うために突貫工事でつくったというのが、玉川上水だそうで、四谷までの延長が四三キロもの上水路だったというのだから、昔の人は大したもんだ（今、上水路として使われているのは小平までの一二キロほどだそうです）。

川幅の広い多摩川から狭い玉川上水へと水が流れ込むから、自然と嵩が増す。水音も、水の匂いも爽やかで、たっぷりとした水がかなりの勢いで流れていく様もすばらしい。

いいものを見たな……。このまま上水沿いに歩いてみたいが、喉は渇くし、小腹も減ってきた。そろそろ、飲み屋へ入りたい。

ここから上水沿いに走る奥多摩街道へいったん出るものの、道沿いを歩かず、駅方面へと住宅街を抜けていく。坂を上がり、新奥多摩街道が近くなってきたところに地味な案内板がひとつ。書かれている文字を見れば、旧鎌倉街道。

その歴史がざっと八〇〇年に及ぶ古道は、埼玉県入間あたりでは竹付街道とも呼ばれたと、この案内板は教える。

筒状にした竹籠に石を詰めて土嚢や堤防の材料にするのが、蛇籠。あの蛇籠に用いる竹を入間から羽村堰まで運ぶときに使ったことからその名がついているらしい。古道は複雑で、たどるのが難しいが、大きな橋や堰のある付近は、その昔からの要衝であることが多いから、ただ歩くだけでも、長い歴史の一端に触れることができる。名もなき寺社の由来に関心をもつのにも似た気持ちがわいてきて、変哲もない坂道に、ふと、古の風景を想像したくもなる。

入間から竹を運んだのは牛車だろうか。蛇籠として加工された状態で運ばれたのか、適当な長さに切っただけの材料として届けられたのか。堰や護岸に用いる竹は、羽村堰のみならず、そこからは船で下流へと運ばれたものか。そういうことを想像していくと、電気はおろか蒸気機関も使わなかった時代に、人々は自分の手足と家畜の力を用いて、材料をつくり、運び、取引し、さらに遠くへ運搬して大土木工事の完成に貢献している。

そこでは、土木・運搬の親方、商材を中継した豪商、橋を架けるために資材を供した郷士・豪農の類《たぐい》が、時のお役人たちの機嫌を損なわぬよう賢く立ち回りながらも、自らの事業、自らの故郷に十分なカネを落とすべく、下々まで潤うよう尽力したに違いない。と、いう気がしてくる。万事役人主導で業者は見積もりを投げっぱなしという、どこぞの国立競技場計画とはずいぶん違ったような、そんな気がしてくるのだ。まあ、いいや、それは。

さて、やって参りましたのは、**羽村駅**です。東青梅、河辺、それから小作と、三駅ほど飛ばしましたが、飲み下りの主役は多摩川でありますから、これもしかたがない。

駅の反対側へ渡り、ロータリーに出る。時刻はまだ夕方の五時までにしばらくの余裕がある。ということは、飲み屋さんはやっていない可能性が極めて高く、蕎麦屋、中華屋の類も昼夜の営業の間の休み時間であってなんの不思議もない。

しばらく、ぶらぶらするしかないか……。そう思いながら、ロータリーをひとまず一周すると、おおお! あったあ。飲み屋さん、開いているのでありました。

「日本海庄や」であります。私は、このチェーンには入ったことがない。けれど、迷わず入店いたしました。なにしろビールを飲みたい。

小ぶりながら、いい店です。厨房が広く、魚介が充実しているのは店名から察せられるとおりだ。

お通しはサーモンのマリネ。こういうところは、女性客にも喜ばれる配慮なんでしょう。私の場合は、やはり、この時期、まずは枝豆でいい。

道を間違え、迷いながらようやくたどり着いたのは青梅線の羽村駅

ということで、焼き枝豆を頼む。それから、何か魚介をと思い、メニューを見ると、サザエがあるではないか。これをつぼ焼きでいただく。本当は、岩ガキなんか捨てがたいのですが、サザエがあるとなると素通りすることができないのだ。

お店は四時からやっていて、このときまだ五時前だった。店に、他の客はない。エアコンの効いた涼しい店内で、ひとりでビールをぐいぐいと飲み、サザエのつぼ焼きの汁をすすれば、これほどの楽しい時間はなかなか手に入るものではないと、かなり大袈裟に考えてしまう。

魚で日本酒にするか、他の酒肴で焼酎系にするか、しばし考えて、肉が喰いたいことに思い至る。ランチ酒でコロッケと唐揚げを食べたばかりというのに、メニューにある牛タンという文字を目にしてグッときてしまったのだ。

飲み物はレモンサワー。つまみに、牛タンと、小ジャガバターチーズのせ、という、日頃はあまり頼まないタイプの品を頼む。これも、実に久しぶりでチェーン店でひとりで飲むという成り行きを楽しむ気持ちが強いからでしょう。

しばらく、ぼんやりする。地元のお客さんを除けば、都心のお勤めを終えた人たちが駅前に降り立つのは、まだ、一、二時間は後のことでしょう。

それまでが私の時間。と思えば同時に、私は、何をしているのだろうと不安にもな

猛暑を避けて駅前の酒場に逃げ込んだら、なにはともあれビール！

るが、本日の多摩川飲み下り、またまた、たいへんおいしい結末を迎えそうで、実に気分がいいのです。

一〇　取水堰から玉川上水沿いを歩き、「福生」でピザを

　またまた後日のこと。多摩川飲み下りは、前回終了の羽村堰から再開いたします。

　今回は、多摩川よりも、枝分かれした玉川上水沿いを、ぜひとも歩いてみたい。そう思いつつ、ひとまずは羽村堰付近に架かる橋の上から勢いのある流れで魅了する玉川上水をしばし見下ろします。そこからまた引き返し、奥多摩街道の歩道を歩く。この道と玉川上水は、隣り合わせで走っているのです。

　とはいえ、できるならば川岸を歩きたい。川沿いの街道といっても、そこそこに交通量の多い道の歩道を歩くのは、簡単に言えば、飽きるんです。

　そこで、玉川上水の岸へ出る道筋はないか窺うようにして歩くわけですが、これが、また、そう簡単には見つからない。そのうち奥多摩街道は羽村市から福生市へと入っていったのです。

奥多摩町から青梅市、羽村市を抜けて、四つめの自治体になるわけです。しかし、流域を、上流、中流、下流の三つに分けるとすると、感覚としてはまだ上流域という気がする。本流の川幅はかなり広くなってきてはいるものの、流域の緑はまだまだ濃い。

ほどなくして、一本の橋に行きあたった。渡れば玉川上水の右岸に出られそうだ。迷わず、その進路を選ぶのは、上水の両岸が鬱蒼とした木立になっていて、木々の緑が匂い立つかのように見えたからである。

小さな橋の親柱には、「しんぼりばし」と記されている。この橋の上から見た景色には、ため息が出た。川幅は三メートルくらいだろうか。その両側から、木々の枝が覆いかぶさるように視界をふさぎ、目の前を、ひとすじの流れとあふれる緑が埋め尽くすのである。

橋を渡ると、玉川上水の右岸だ。細い道が絶好の散歩コースになっている。下流へ向けて、何も考えずに歩く。この道の右側の、そう遠くはないところに多摩川の本流が流れている。木々に遮られているが、上水と本流が近付いて、木立も途切れる場所へ着けば、そこからは、対岸まで視界を遮るもののない、多摩川の風景が現れることだろう。

なにしろ、気持ちがいい。リュックのポケットウイスキーをひと口含んでもいいかなと思うくらいに気分がいい。

しばらく行くと、右の木立が切れて、園地が開けた。入口にある低い石柱には、福生加美上水公園という石盤が埋め込まれている。

大きな切り株に据えられた一枚の板には、Mt.Fuji-Viewing Hill と書かれていた。富士見ヶ丘じゃ、いけないんですな、この場合。とか思いながら案内によれば一分でたどり着けるという丘まで登っていくと、途中で、視界に動くものが入ってきた。

ごく緩慢な動きである。なんだ？ と思って振り向き、あれ？ どこだ？ と目を凝らしてはじめて、カナブンだとわかった。クヌギかコナラか。幹のくぼみにたっぷりと溜まった樹液に、黒や濃緑色のカナブンが一〇匹ほど張りついている。咄嗟に探すのはクワガタだ。昼日中にカブトムシに遭遇というのは虫が良すぎるとして、せめてクワガタ、それもヒラタや小クワガタではなく、ノコギリクワガタの立派な雄を見たいと思ったのだ。

しかし、雄のノコはいなかった。樹液の量は十分に見えたけれど、昼日中であるから仕方がないか。

早朝にこの森へやってきて同じ木の同じくぼみを眺めたらどんな光景が広がるだろ

う。もし、運よくクワガタやカブトムシを捕獲することができたならば、その晩私が食べるスイカの食べ残しを思う存分吸わせてやりたいとも思う。四〇年以上も前の三鷹の自宅で、赤い部分のほとんど残っていないスイカに何匹ものクワガタが吸いついていた映像を、私はありありと思い返すことができた。

この日、丘から富士は見えなかったが、秋から冬の、木々の葉が落ち、空気の澄む季節になったら、さぞ美しい富士が、このあたりに見えるのだろうという空を見上げただけで、公園を後にすることにした。

私はまた玉川上水沿いに戻り、それから、福生駅を目指すべく、今度は玉川上水の右岸から左岸へと渡ろうとしたのだが、何に引き寄せられたか、橋とは逆へ入って、そこに、実に立派な酒蔵を見つけたのだった。

黒板塀に囲まれた広い敷地に何棟もの白壁の蔵が建っている。奥に煙突が見えたので、酒蔵であると察せられた。

先般も立ち寄った「澤乃井」の小澤酒造のほかにも、五日市の「喜正」の野崎酒造や、秋川の「千代鶴」の中村酒造など、東京の酒蔵はいくつか見たことがあるけれど、福生の蔵は知らなかった。蔵の名前は田村酒造場。「嘉泉《かせん》」という銘酒を醸している。なにしろ立派な酒蔵なのです。こりゃ、東京で一番だな……。そんなことを呟きつつ、酒好きを集めて酒づくりの始まったころに見学に来たいと考える。

蔵の事務所で特別限定品の純米吟醸を買います。あわせて、そこで、蔵のパンフレットをもらい、蔵を出てからさきほど通った園地に戻ってひと休みしつつパラパラと読む。

田村家がこの地で酒づくりを始めたのが、文政五（一八二二）年で、ときの当主が九代目だったというから、旧家も旧家、造り酒屋は土地の名士がほとんどだろうけれど、それにしても歴史ある家である。酒づくりにあたって掘った井戸から、いい水が出た。秩父多摩古成層の岩盤を抜けてきた清冽な伏流水。これを仕込みの水としたことから、よき泉の意味で、酒の名を「嘉泉」にしたという。この水は現在もこの蔵でつくる酒の、仕込み水に用いられているという。

また、慶応三（一八六七）年には幕府から取水権を取得し、玉川上水を敷地内に引き込む。この水は、酒づくりにおける精米に用いる水車の動力として、はたまた、周囲の灌漑、生活用水に利用されたという。

田村家、すごいですな。まさに名士ですな。と、ひとり納得した私は、それが当然であるかのように、買ってきたばかりの酒をひと口だけいただくのです。

穏やかな吟醸香のするお酒は、辛すぎず、それでいて丸く、とても、おいしい。日本酒で少しばかり甘くなる口に、簡易クーラーバッグの中で冷やしておいた水を流し込むと、また、この味わいは格別なのでした。

さて、福生駅方面へ向かいます。新奥多摩街道を越えてから右へ入ると、なかなかな商店街がありました。昔ながらの蕎麦屋、中華屋、大衆酒場などがある。渋いな。このあたりが昔の繁華街かとふと見上げると、街灯に取り付けられたプレートに、「銀座通り」の表記があった。福生銀座だ。大衆酒場で一杯やってから中華屋さんのラーメンで締めるのはどうか？　咄嗟に思うわけですが、まだ、酒場の開店にはちょっとばかり早い。そこで私は青梅線の線路を越えて、国道一六号に行きついた。目の前は、アメリカ空軍、横田基地の第二ゲートだ。

ここから右へ一六号を下って、この日の目的の店、「ニコラ」に着いた。三〇年ぶりだろうか。とても懐かしい。創業は一九五六年。私が初めて店に行ったのは一九八五年くらいだろうから、そのときすでに、「ニコラ」は老舗だった。改めて店内を見渡すと、広々として落ち着きがあり、なんとも居心地のいいレストランである。

さっそくピザを頼む。生ハムと野菜のピザに、ビールはヒューガルテン。なにものっていないプレーンピザを頼もうと思っていたのだが、いざ注文となったら妙に生ハムに惹かれてしまった。

ふと出くわした酒蔵の近くには、美しい清流が流れているのでした

が、これ、正解でした。スモールサイズとはいえ、一枚食べるのはあっという間のこと。続けてシーフードピザと、白ワインをグラスで注文。ワインは最初、シャルドネ、二杯目にはソーヴィニヨンブランをもらう。ワインもうまいが、シーフードピザがまた絶品。常日頃は発揮することのない食欲がめらめらとわいてきて、まことに楽しい夕刻となったのでした。

すっかり満足した私は、多摩川沿いへ戻ることも忘れ、食後の腹ごなしに、ただただ、ぶらぶらと、一六号沿いに歩いた。

そして気がつくと、JR青梅線、五日市線、八高線、西武拝島線が接続する、**拝島駅**付近までたどり着いていたのです。

有名なピザレストランでワインとサラダとピザ。ああ、うまい！

一一　たどり着いた「東中神」で最高のやきとりに遭遇す

あそこは、昼間から飲める店があるな……。拝島からの再出発にあたって私の頭に浮かんだのは一軒の飲み屋さんです。「花みずき」という立ち飲み屋さんで、たしか正午には営業を開始する。昼日中、飲んでいるお客さんがけっこういらっしゃる。人気店なのです。私も一度、立ち寄ったことがある。

ただ、拝島に着くなり立ち飲み屋で飲み始めてしまうと、その先を歩く自信が挫かれてしまう。前回の後半は国道一六号沿いを歩いたから、しばらく多摩川を離れてもいます。だからもう一度、川沿いへ戻ろうと思うわけですが、地図を見れば、拝島駅から多摩川沿いへ出て、夕刻あたりに青梅線沿線酒場で飲むとなると、なかなかの距離を歩くことになります。だからこそ、ノッケから立ち飲みに寄ってしまうわけにはいかないわけなのです。

そこで、歩き始める。目指すは多摩川です。このあたり、川に沿って行こうという、実に大まかな取り決めが功を奏するというかなんというか、放っておいたら糸の切れた凧よろしく行方知れずになりかねないが、オレは川を下るのよと心に決めておけば、そうそう大きく道を外れることはない。

拝島三小南という信号で道は二叉に分かれるのですが、ここを右に入ると、左手に整然と文化住宅が並んでいる。家は古いのでしょうけれど、赤茶けた板塀は手入れされているし、瓦屋根も懐かしく、貸す側は誠実に家を整備し、借りる側も大事に使う。そんな雰囲気がある。これも、昔、多摩地域にはたくさん見られた光景だ。

先へ行き、国道一六号の小荷田東交差点をそのまま渡ると、右に小さな神社がある。天神さんだ。菅原道真を祀るこの拝島天神社、国立の谷保天満宮からの分霊というから、谷保界隈にはちょっと親しみをもっている（高校が近くだったのです）私などは、これっぱかりのことでも、ちょいと嬉しくなる。

さらに歩いていくと、今度は学校に行きついた。立派な門構えで、門の前の駐車スペースも広い。田舎の小駅のロータリーより遥かに広いその場所に、大きなスクールバスが二台停車していた。地図を見ると、これが啓明学園とわかる。門の外から窺うだけでも、環境の良さが伝わってくる。多摩川のほとりの、木々に囲まれた広大な土地で、たとえば中学高校の六年間を過ごせるとしたら、それはなんとも羨ましいなあ、と思う。いやいや、門の近くにいた女子高生のあまりの可愛らしさに目がくらんだだけのことだったかもしれない。

いよいよ、川に出た。とはいっても私が立ったのは堤の上で、そこから水辺までの河川敷は灌木の林になっている。水の流れるところまで、まだ、二〇メートルくらいはあるだろうか。

流れの音を耳に心地よく感じながら歩く、というわけにはいかないのだが、空は一気に開け、堤の上には延々と細道がつづく。車の走れない道には時折り、自転車に乗った人や、夏の午後だというのにジョギングをする人の姿がある。こちらもまた、散歩をするには不似合いな日盛りを選んでいる身。すれ違いざま、お互いに怪訝そうな一瞥をかわすのであるが、滝のように汗を流した後の、枯れて渇いた身体に流し込むビールのうまさを思えば、あの自転車の兄ちゃんも意外に酒好きか？　なんてことを思わないでもない。

堤の道をしばらく歩くと、たしか国土交通省が設置している距離標が目にとまった。河川の道しるべみたいなものだが、ここには、「多摩川左岸　海から47Ｋ」とある。河口へ向かって左の岸で、川崎の河口までまだ五〇キロ近くも川は流れるということなのだ。多摩川飲み下り──。道のりは実に遥かだが、このときになって、多摩川遡上源流酒紀行、なんてことにしなくて本当によかったとも思う。

堤の下に、グラウンドが見える。ここもすばらしい環境だ。ただ草地になっていて、大学生くらいの若者たちがサッカーに興じていた。ミスをしてはゲラゲラ笑い合う姿を、かつてはサッカー部に在籍して、真夏の炎天下で二時間も三時間も走りまわっていた私は、やはり少しばかり羨ましく眺める。まだ、子供だなあ、と思うほどに、早く一丁前になりたいばかりに無理と背伸びを繰り返した自らの若いころが、妙に懐かしい。

あの子らを集めて生ビールをご馳走したい！　汗だくで堤の上に佇む怪しいオジサンはそんなことも考えるのであります。

この道はとにかく気分がいい。街道沿いは車の往来に気を取られて、意外に落ち着かないものだが、ただただ空が広い土手の上というのは、ストレスになるものが皆無である。

大神公園と書かれた案内板の近くで、渡し場の跡を見つけた。昭島市教育委員会が設置したプレートによれば、八王子の平と大神との間にあったこの界隈でもっとも古い渡し場だそうで、天正一八（一五九〇）年には、落城した八王子城を視察した徳川家康が、ここを通って川越方面へ向かったと、「武蔵名勝図会」は記しているという。この近辺で、多摩川を渡る八高線の鉄橋の下をくぐった私は、**多摩川遊歩道**に着いた。

サッカー場、野球場、テニスコートなど設備の整った公園で、自動車を停めるスペースもある。案内図を見ると、この広大な運動公園の向こう側は河原のようである。手軽な竿の一本でも持参すれば、ビールなど飲みながら日がな一日釣り糸を垂れるという楽しみも可能だろうか。

ちょっと寄ってみたい気もするのだが、拝島駅を下りてから、もう二時間ほど歩いているのだ。今回は途中で、缶ビールを飲むこともなかったから、すでにして、カラッカラに渇いている。水を飲んではもったいないくらいに渇いている。こういうことをするとたちまち脱水して痛風発作に怯えなくてはならないことは十分承知のはずなのに、やはりどうも、最初のビールというものは、カラッカラの状態に飲みたいのである。

堤の道を歩き疲れて青梅線の走るほうへ引き返すことにした。

土手を離れるとすぐに、プールがある。市民プールみたいなものか。ちょうど、午後四時半の、この最終回が終わったところのようで、子どもたちがぞろぞろと出て来るところだった。暑い、暑い午後だったから、今日のプールは最高だったろう。濡れた髪、よく日焼けした顔、肩、腕……。すべてが少しずつ傾きかけた日差しに輝いている。ジュースを飲む彼らは、あまりのうまさに、口もきけないといった面持ちで、ごくごくと飲む。あと一〇年もすればあれがビールに変わる。そんなことが頭をかすめるのも、私がもう、飲みたくてたまらん状態であるからだ。

地図を頼りにたどり着いた青梅線の駅は、**東中神**という駅だった。これまで下車したことはない。

駅前に団地があって、長い商店街もある。都心からはちっと遠いけれど、駅前であることを思えば、この少し古びた団地の住みよさも推察された。

見つけたお店は、**「大吉」**。チェーン店である。どの店に入ってもメニューが同じという味気なさをふと想像して一瞬ためらったが、踏切の脇にある風情がとてもよくて、開店直後の店に飛び込んだ。

この一軒が大当たりだった。「大吉」はチェーンではあるが、材料の仕入れも含めて、独自のメニューの開発提供等々、店主の裁量で行なえるという。和食で修業をした後で「大吉」の店主となったご主人は私と同年輩で、店をぴかぴかに磨き上げる、ホンマ物の仕事人。なにより、やきとりがうまい。つくね、皮タレ、ハツ塩に、たたきゅうり。このあたりでプレミアムモルツを一杯、いやいや二杯、たちどころに空け、サワーに切り替えてから、さっと炙った鳥皮にポンズをかけ万能ねぎをふった皮ポンでまた、ハマった。

こうなってくると、私は、嬉しくてしかたがない。飲み喰いするものがおいしい、といって、こんなに喜ぶ中年も我ながら気持ち悪いが、うまいものはうまい。この一日の成り行きと、最後に最高の店に巡り合えた幸運が、おいしいのかもしれない。

焼酎を、ご主人の出身地宮崎の芋焼酎、「明月」の黒にかえる。今度は、オン・ザ・ロック。つまむのは、手羽先とオクラのハサミ焼き。ああ、今、これを書きながら、こうしちゃいられない、今夜また行くか、と思うほどに、うまい串なのでした。

店を出るとすっかり暮れて、風も心地よくなっている。ああ、楽しい一日だった。

私は、生まれてはじめて、東中神駅のホームに立った。

初めて歩いた東中神駅近くの店で、絶品の串もので焼酎をクイクイ

夕方から飲み、店を出たときにはすっかり暮れて、いい夜が来た

二 焼き肉ランチをあてこんで モノレールで「高幡不動」へ

東中神駅までたどり着いた前回の締めくくり――。絶品やきとりと焼酎ですっかり気分がよくなった私は、青梅線の終点立川まで電車に揺られました。

はあ、今日もよく歩いたし、楽しく飲んだ。疲れたなあ……。と、思ったことは思ったのですが、ではそこから早々と帰路についたかというと、そんなことはない。いったん火が点いてしまっているわけですから、そんな選択肢はあり得ないのでした。

どうなったかというと、立川駅で改札を出ると、街中へ出た。縁遠くはないがあまり知らない立川の街。しかし、知らぬとはいえ競輪場などにもときどきは訪れているので、いい飲み屋のいくつかは知っている。

「弁慶」と、お隣の「玉河」。いずれも素敵な店でございますが、もうひとつ、店名を書けない老舗もありまして、この日私は、その老舗のカウンターで、少しばかりの酒を追加したのでした。

馴染みではないのに、近くに行けば覗きたくなる。そういう店というのはあるもので、たとえばお隣の国立駅ではもつ焼きの、やはり、お名前を出せるほど親しくはないけれど行けば楽しいMという店がある。思えば、そういう店々が、いろんな土地の駅々の近くにあるというのは、酒好き酒場好きの証しのようなものではないかと、昨今そんなことを思う次第です。大袈裟なんですけれども……。

ま、それはさておき、次の回、またまた東中神駅までやって参りまして、はたと困った。このあたり、青梅線は、多摩川からちょっとばかり離れて走っている。しかも地図を見れば、川岸を歩いてみたところで、さて何があるか、実に心もとない。缶ビールをゆっくり飲める園地のようなものも、あるにはあるのだが、なにしろ前回歩いた拝島からの川岸の道が最高であったから、そこを凌ぐとは思えない。飲み屋がありそうな場所でもない。

では新奥多摩街道に沿って下っていくかと思わないでもないが、そうなると、トボトボ歩いていくうちに気がつけば立川市に入り、そのまま国道二〇号に入ってしまうようなのである。

そこで、多摩川飲み下り企画初の**電車移動**を決意した。某日の昼下がり。東中神駅から上り電車に乗った私はふたつめの立川で下車、そこから、モノレールに乗り換えた。

これは正式には多摩都市モノレールといって、北は多摩湖にも近い上北台から、南は多摩ニュータウンの中心、多摩センターまでを結んでいる。途中、北から見ると、立川でJR線、高幡不動で京王線に連絡しているのですが、多摩川を渡る立日橋《たっぴばし》（立川と日野に架かるからこう名付けられたのでしょう）の真上を通る、なかなかに眺めのいいモノレールなのであります。

この日はまだ何も胃袋に入れないままに家を出て東中神に向かいましたから、実は、早々に、どこかで何か食べたい、ということはつまり、何か飲みたい、という状態でもあった。

モノレールに乗り込み、そろそろ多摩川を渡るな、ああ、渡り始めたな、と思いながら、当初は渡った先の日野市側の最初の駅で下りて川沿いを目指す心づもりであったのに、空腹と、一杯やりたいなあという感懐に早くも攻め込まれて、気がつけばその先の高幡不動駅で下車しようと決めていた。

高幡不動は毎年の初詣に行く寺で、数えてみれば、毎年というのも、もう、四半世紀になる。正月以外にも、紫陽花がきれいだと言っては裏山を歩き、紅葉がきれいだと言っては、こっそりカップ酒を持ち込み、露天商が出るようなときにはきっと立ち寄って一杯飲むということを繰り返してきた。だからこの日はあえて参詣しないのですが、ここはおすすめの散歩経由地。丘陵に抱かれた古刹で一杯というのは格別です。で、まあ、参詣しないんですが、近くで飲まないかというと、そうではない。門前には古い蕎麦屋がある。酒饅頭がうまい土産物店もある。

平日の蕎麦屋酒なんてものは、どこで飲んでもオツなもんですが、やはりどうも、門前町がいいなと、日頃から思う次第。ここは、天ぷらでビール。それから蕎麦をずずーっと勢いよく啜りあげたい。と、こう書けばおわかりかと思いますが、まだ暑い季節ではあるけれど、そんなときこそ温かい蕎麦をつまみに燗酒を楽しみたいな、と思っていたのだ。

暑い最中に冷たいものばかりを胃袋に収めていると、そのときそのときはうまい。そうめんも冷やし中華も、チンカチンカのルービーも、なんでも、うまい。けれど、後がいけない。一〇年前ならちょっと腹を下すくらいで回復したが、今じゃ、下したりしないかわりに、やる気がなくなる。

腹を冷やすとやる気もうせる。で、なるたけ温かいものを食べ、温かい酒を飲む。あるいは、そう、身体が熱くなってくるようなものをあえて選ぶ。

それがこの数年の夏の飲食傾向で、私は盛夏のどうしようもない暑さの中で、焼き肉やホルモン焼き、それに合わせる辛い辛い漬物やスープを肴に、酒を飲んできた。で、どこに寄るかというと、「モランボン」という焼き肉の老舗。その高幡不動店なのだ。

実はここ、チョレギとナムルとハラミで一杯やってから真っ赤なスープで締めたいねえ、なんて思う晩に、ちょくちょくお邪魔している店なのだ。

ランチもやっている。とは知っていたが、昼時に訪ねたことはない。だから、寄ってみたい。門前の店で、蕎麦と燗酒も捨てがたいが、なにしろこの日、五〇代としては恥ずかしいくらいに腹を空かせてもいた。

ランチセットでビールをいただく。焼き肉屋さんとかステーキ屋さんのランチというのは、なんかこう、分不相応な贅沢をしている気がするものの、あはは、やっぱりうまいよねえ、と思わず顔がほころんでしまう。若いころ、営業に走り回っていて、ほとほと疲れると、財布を振り絞る（こんな言い方があるのでしょうか）ようにしてステーキランチを貪ったりしたものだが、人生半世紀を過ぎて、うまい肉を喰い、ビールを飲み、白飯を喰い、漬物を齧り、さてお代わりの酒は何にしようかと思っている私は、そのバカさ加減において何も変わっていない。いや、イノセントさにおいて、と言っておきましょうか。

なんでもいいのですが、ともかくおいしい昼食をすませたら、さて、多摩川へ戻ろうや、ということになる。もう一度モノレールでは芸がないから、ここからは京王線でひと駅の移動。各駅停車駅の百草園《もぐさえん》という小駅で下り、川崎街道とは反対側、駅から北方向の住宅街へ向けて歩きだす。

長閑《のどか》な土地です。ときに、用水路を見かける。暗渠化していないからそれとわかるわけですが、つまりこのあたり水田であったということでしょう。多摩川の支流、浅川が流れ、そのまた支流というのか、そこへ合流していく程久保川という川も流れている。地図を見るまでもない。ときおり遠距離の散歩コースとして歩いている場所だから、多少の方向感覚はあるのだ。

程久保川に出た。

護岸が整備された一見変哲もない河川。私が子どものころに見たのは、三鷹市新川界隈の護岸工事。それまで草の岸だったところが、高いコンクリートの壁になり、橋から川面までの距離がひどく遠くなった。程久保川も、そんな、川のひとつと見えた。けれど、この程久保川。河岸の並木と、ベンチなど備え付けた道がすばらしいのである。自動車は通らない。自転車の姿もまばら。この道を川下へたどれば浅川に出て、

やけに豪華ですけど、これでランチ。行きつけの焼き肉店に寄り道

浅川もまたすぐに、私が少しばかり離れていた多摩川に合流する。

川の合流が二度続くと、先刻まで覆いかぶさるような河岸の桜並木に遮られていた視界が、嘘のように開けていた。その先に見えるのは府中四谷橋。この界隈で多摩川に架かる、もっとも新しい橋である。

河岸の道は、その橋の脚の下をくぐって、いつしか多摩市へと私を導いていた。

桜の枝の下の小道は最高。この川は、すぐ先で多摩川に合流します

一三　府中四谷橋から関戸橋を経て「中河原」の行きつけへ

河原が広い。空が広い。

奥多摩から青梅界隈でたびたび目にしてきた渓谷の風景はまさに上流域のものでしたが、羽村の堰から下ってきて、ここ、多摩市の河原へ出たところで、ああ、これはもう完全に中流域であるなあと、実感するわけです。

視界の上半分が空、下半分が河原。右岸、左岸の土手の距離からすると、その間に、ずいぶんと細い多摩川が流れている。

なにしろ、土手自体の幅も広いのだ。ゆうに自動車が走ることができる。実際に、日頃は入れないけれど、だだっ広い河川敷には作業車両が入ることがある。

その河川敷に見えてくるのは、テニスコート二面、サッカーのピッチ、バスケットゴール、滑り台やブランコ、鉄棒などの遊具、ソフトボールグラウンドなどが、延々とつづき、その合い間には花壇が整備されている。

土手の上は朝夕の散歩、通勤コースであり、河川敷には、早朝から集合して体操するお父さんお母さんたちの姿も見える。

で、その先、はるかな空のほうを眺めますと、夏場の朝なら川のほうから、冬なら稲城市の丘の上から日が昇る。このあたりと、日野市や多摩市にまたがる多摩丘陵のあたりは、何度となく散歩をしてきているし、ときには、朝から多摩川土手を自転車で走ったりもするものですから、季節ごとの風景に若干詳しいのです。アタシだって、毎朝、二日酔いで倒れているわけではない。

ふと見れば、私の前をひとりの男性がとぼとぼと歩いている。平日の昼下がり。というよりはすでに夕刻に近くなっておりますので、土手に人影は少ない。

すると背後から主婦がひとり、自転車でさっそうと私を抜いていく。この先の**聖蹟桜ケ丘駅周辺**は食品スーパーだけでも二、三軒はあるようですから、きっと夕餉のための買物でしょう。

とはいえ、まだ、夕方の散歩の時刻には早い。犬を連れた人たちが憩う時刻に、まだ少し早い。

またまた、土手に、標石を見つけました。ここは右岸（河口に向かって右の岸）の、河口まで三六キロ地点だ。

へえ、あと、九里かい。そりゃ、あっしの脚じゃ、ちょっとばかし時間がかかろうってもんだぜ……。

まだまだ先は長いと思えば、ちょっと休みたくなる。次の橋まで一〇〇メートルくらいのところで、土手の草の斜面に座りこみ、すぐに、寝転んだ。あ～あ、気持ちがいいや……。

しばらくうとうとする。うっすら目を開けると、見えるのは空だけ。白く薄い雲がなびいている。ビールで軽く酔っているから、薄眼を開けているのも億劫だ。はあ、眠い。

ふと轟音がするので目を開けば、鉄橋を渡ってくるのは京王線の電車である。

川のこちら側が多摩市、向こう側は府中市にあたる。都内の人にはピンとこないかもしれないが、彼らから見て府中より先、つまり私が寝転んでいる土手のあたり、ここも実は東京都なのである。

大田区、世田谷区在住の人ならまず、多摩川を渡ればそこは神奈川県川崎市だと知っている。実際そうなんです。私鉄で言うと、京急線はもとより、東急東横線、東急田園都市線、それから小田急線に京王相模原線まで、多摩川を渡れば川崎市に入るの

程久保川、浅川と合流した多摩川は、さらに広々とした流れに！

だ。

調布から相模原へ向かう京王相模原線の場合、競輪場のある京王多摩川駅は東京都調布市にあるが、鉄橋を渡ったひと駅先の京王稲田堤駅は神奈川県川崎市にある。

しかしこの電車が渡る鉄橋の少し上流に架かる多摩川原橋――この橋は鉄道ではなく鶴川街道が走っております――まで行くと、調布から渡ってきた自動車なり歩行者なりが到着するのは同じく東京都の稲城市である。神奈川県じゃない。

昔、三田あたりで生まれた人に、私が三鷹の生まれと言ったら、ああ、在のほうねとバカにされてたいそう腹が立ったが、その人は、隅田川の向こう側、つまり墨田、江東あたりのことを、川向こうと平気で言ったものでしたね。

この発音が、「かわむこう」でなくて「かわもこう」っていうあたりが、妙に気どっている気がして癪《しゃく》でしたが、このテイで言いますと、私が今寝転んでいる場所は、「もこう」も「もこう」、多摩川の「もこうっかた」ってことになるんです。

が、しかし、多摩川の向こうであってもそこは東京なのだ。稲城、多摩、日野、八王子の四市だけとっても、実に広い。背後には町田市というこれまた広い市も控えております。この、南多摩の、多摩川の向こう側に住んで数年になりますが、実はたいへん住み心地もいい。

多摩川、浅川という大きな川が流れ、連なる多摩丘陵には昔ながらの森が残る。真冬の朝晩は都心よりぐんと冷えるし雪の日の降雪量も多いが、まあ、端的に言って、排ガスの臭いのしない場所が、まだまだ残っているという気がする。そういう土地の空気が、私が生まれ育ったころの、空き地や雑木林がたくさん残っていた三鷹を思い出させるのかもしれません。

土手の草の匂いに包まれて、昼ビールの軽い酔いにまかせた昼寝の最中、私は夢うつつのうちに、そんなことを考えていた。

真夏というのに寒さを感じて目覚めると、私はまた、少しばかり飲みたくなっていた。川沿いを下って、京王線の鉄橋をくぐり、さらに進んで自動車と歩行者、自転車の渡ることのできる橋に出た。

これが**関戸橋**だ。

橋の上から川面を見下ろすと、橋げたにごく近いところで時折り見かけるルアー釣りの人もいないし、川幅の広いところで、フライフィッシングのキャストを練習する姿もない。

見上げると、橋の北詰めの、かつてさくらサンリバーという複合商業施設が建っていた場所にあるマンションの窓に、斜めから西日があたっている。ここはもう府中市で、北へ向かう広い道は鎌倉街道である。

目指したのは京王線中河原駅から近い「真仲《まんなか》」という居酒屋だ。本日の川沿い下りを、勝手知ったる店で締めくくるつもりなのである。

暑い最中の川沿い散歩は、ただ歩くだけでもくたびれる。日差しを浴びつづけて籠った熱は、抜けるのにただでさえ時間がかかる。おまけに途中で軽く飲んだりするものだから、夕刻ともなると、頭ふらふら、という状況になっても不思議ではない。さらに言えばこの日の私は、川岸の土手で夏の日をものともせずにうたた寝などしたわけだから、熱中症ボーダーライン上にあったはずだ。

本来なら水。それも吸収の速いタイプの飲料水をしっかり摂取すべきである。しかし私には、それはできない。馴染みの店に入るや否や、

「生ちょうだい！」

と半ば叫んでから、栃尾の厚揚げを注文。生ビールの後はホッピーのセットに切り替える。なに、水なんか後で飲みゃいいのよ……。

ここの主人は若いけれど料理の腕は立つ。そればかりか、私の馬券の師匠でもあるからして、飲めば、さて今週は？　という話にもなる。私はしばらく前に、気合いを

鎌倉街道で中河原の酒場へ立ち寄り。厚揚げで生ビールという至福

入れて出張った中京競馬場で痛い目に遭ってきたばかりだから、なんとしても挽回したい。

ということで熱くなり、焼酎の中身のお代わりを二回。都合、中身三杯でホッピー一本を空け、そこからは、季節限定、絶品のカボスサワーを一杯、また一杯。さて、何杯飲んだか……。こうして、しこたま飲んで店を出て鎌倉街道を戻り、関戸橋へ出た。

かすかだが、風が吹いている。川風だ。

ああ、気持ちがいいなあ、と背伸びをしながら対岸を見ると、橋の左手の奥に連なる丘に数棟のマンションの灯がちらちらとして、なんともいえず、きれいなのである。


♪今夜も酔っぱらって帰る〜

関戸橋をわたってぇ、帰る〜♪

橋をわたって、いずこへ？

多摩川のもこうかたぁ♪


ふと歌が出たけれど、どうにも、こうにも……。

一四　開催してない東京競馬場で夏競馬観戦とレモンサワー

前回はご機嫌に歌が出たところで、酔いもすっかり回った感じでしたが、さて、このたびは、歌の出たまさにその場所、多摩川を渡る**関戸橋**から飲み下りを再開します。河口へ向かって右岸は、丘を上る川崎街道を右手に見ながらの道で、行きつく先に、小公園がある。交通公園と呼ばれていて、園内には、子どもさんたちに交通安全指導を行なったり、彼らが自由に遊ぶこともできる模擬コースが整備されたりしている。コースといっても、普通の街のミニチュアという感じで、けっして広くはないが、信号や交差点、踏切などもあり、たしか、利用時間内に行くと自転車やゴーカートなども貸し出していたのではなかったか。

このあたりのことをよく知っているのは、もう二〇年以上も前になるが、この公園の先で多摩川に合流する大栗川で鮒や鯉など釣るのを楽しみにしていた時期があり、釣り糸を垂れない日には、この公園まで歩いてタバコを一服したりしていたからだ。もちろん、私はゴーカートに乗るわけではない。子供連れのときにはお付き合いもしたが、この公園での私の楽しみは、野鳥を観ることでもあったのだ。いや、ここは正確に表記しよう。野鳥を懸命に目で追うオジサンたちの姿をしばし眺めるのが、好きだった。

大栗川の対岸には鬱蒼とした森が見える。丘の斜面に茂る森だ。その森と河原が、野鳥にとって住みやすい場所なのだろう。なるほど、付近には、民家の一軒もない。双眼鏡をもったオジサンたちは、森を背景にした水辺に、飽かず野鳥の姿を追っている。その真剣さが、逆に長閑さにもつながっていて、心なごんだのをよく覚えている。けれど、この公園にたどり着いてしまうと、その先に橋はない。

つまり、多摩川右岸を下っていくと行き止まりになってしまうのだ。だから、関戸橋からの飲み下りは必然的に左岸を通ることになる。私は、関戸橋からしばし、川を見下ろした。

ミラボー橋の下をセーヌ川が流れるように、関戸橋の下を多摩川が流れる。セーヌ川の左岸はカルチェラタンが有名だ。文化芸術の、左岸である。翻ってわが多摩川の左岸は、河川敷の野球場である。サイクリングコースである。相変わらず、空が広く、ただただ、ひたすら爽快な左岸なのである。

この暑い最中、少年たちはユニフォームを着て野球のボールを追いかける。少年たちばかりではない。中には中年もいる。危険だと思う。血液は急激に濃厚となり血管を詰まらせ、一気に中年球児の命を奪いかねない。

いやしかし、こういう中年さんたちは私と違って、その体型こそ危なっかしいが、日々の運動には慣れていたりするものなのだ。朝にジョギング、晩に素振り。週末は野球かゴルフで、いい汗をたっぷり流した後だけ、おいしいビールを飲む。そういう、まっとうな暮らしをしているからこそ、炎天下の野球に挑めるというものだ。

私などは、土手を歩くだけでも息が上がる。セーヌ川の左岸で憂愁に身をやつした詩人のように、脆弱である。

まあ、詩を書けない詩人もあったものではない。それは単なるひ弱な酔っ払いということなのだが、ともかく私はふらふらと、左岸を下るのだ。

どれくらい歩いただろう。左手に、見覚えのある場所が見えてきた。**府中市郷土の森**である。梅や藤、紫陽花などのきれいな公園で、奥には古民家や昔の学校、役場などの建物も保存されている。中に入れば、ぼんやりするのが唯一の特技である私などはたっぷり半日遊んでいられる絶好の散歩コース。しかし本日はここに立ち寄らず、そのまままっすぐ左岸を下る。

右手の河川敷の草地に、鮮やかな色のタープが見えてきた。バーベキューをする家族が、何家族もある。週末の午後、肉を焼き、焼きそばを焼き、腹が満ち足りたら、しばらく昼寝。酒を飲まぬ奥方が、帰りは私が運転するわ、なんて気を利かせてくれたならばビールだって焼酎だって、なんでも来いという、すばらしき午後になる。

ああ、いいねえ。お前さんたち！　子育て終了後の私はああいう場に参加するには、お爺さんになるのを待つしかない。しかし、それにはまだ、若干の時間がかかるような気もするので、それまでの間はひとり、そぞろ歩きながら酒を飲むくらいで満足しよう。

是政橋が見えてきた。これまさ、と読みます。この脚のところで河原から道へ上がりまして左を見ると、おお！　そこには東京競馬場の威容が立ちはだかるのであります。そして、私は、吸い寄せられるように競馬場へ向かっている。

この日は夏の一日。東京競馬場でレースは行なわれていない。けれど、競馬場は開門している。それどころか、馬券は買えるわ、焼きそばは喰えるわ、ビールだって焼酎だって、ある。そう、先刻河川敷で見たバーベキューの簡易版を、私はひとり、真夏の**東京競馬場**で行なおうとしているのでありました。

府中市郷土の森付近の昼下がり。家族でのんびり。いい光景ですよ

この日の狙いは札幌のメイン競争、エルムステークス。好調馬ジェベルムーサを軸に、出ればいつも買うグレープブランデーという馬を相手本線と決める。完璧だ、と、思う。思った暁には前祝いが必要である。私は馴染みの売店（開催していないときの東京競馬場にも馴染みの店はあるのだ！）に赴き、まずはレモンサワーを買う。つまみはさて、ナニにしようや？　焼きそばに心惹かれるのだが、フランクフルトも捨てがたし。平素焼きそばであることが多いからここはフランクでいってみるか。

レモンサワーとフランクフルトを買った私はスタンドへ出る。本日ここでレースはしていないので、ガラガラである。暑いは暑いが、空いていて、気分はいい。スタンド正面の巨大なターフビジョンでレースの実況を観ることができる。思えば、中年になってから急に競馬が好きになった一因に、競馬場から遠くないところに住んだ、ということがある。以前、三鷹にいたころも、距離的に、東府中からひと駅の東京競馬場はけっして遠いわけではなかった。

若いころ勤めていた会社の社長から、お前な、明日の天皇賞の馬券、買っておいてくれやと大枚わたされて、競馬場まで使い走りをしたことがあるくらいに、競馬場は遠い場所ではなかったのだ。

私はなぜか競馬場へ向かってレモンサワー片手に馬券勝負なのです

けれど、その頃はまだ子どもも小さく、なによりカネがなかったから競馬場通いができる身分ではなかったし、せっかくの週末の休みに、バスに乗り、電車に乗りして競馬場へたどり着き、挙句になけなしのカネをむしられるのは、耐えられないことだった。

というのも、私は、その、カネの全然ない時代にもよく酒を飲んだし、少ない月給から酒をバカスカ飲むものだから余計に貧乏だったし、なにより、平日に、連日飲んでいたから、週末は疲れてヘロヘロだった。

それがこの数年前に、競馬場よりもっと都心から離れたほうへ引っ越してみると、晴れた日など、サイクリングがてら競馬場へ行くのが楽しいのである。カネがないのも平日の飲み過ぎも変わりないが、まあ、ふらふらっと馬券を買いに行くくらいの余裕はできた。

で、通い始めてみたら、この日のように、ガラガラの競馬場でゆっくり飲みながら馬券を楽しめることとさえ知ってしまったのだ。これは、禁断、であると思う。それくらい痛快でもある。

さあ、札幌メイン。フランクフルトを喰いつくし、レモンサワーを飲み切った私の読みは的中した。ジェベルムーサ一着。グレープブランデー二着。予想は完璧であった。

しかーし。私はこの二頭の馬連を買っていない。配当がイマイチだったから。理由はそれに尽きるが、では、頼みの三連勝式でどうなったかというと、三着、エイシンモアオーバーをぶった切っていたのだった。

私は勝負に勝って、馬券に負けたのである。いや、嘘だ。勝負にも馬券にも、負けたのだ。なにより、カネもないくせに配当がどうのというオノレの貧寒な根性に負けたのだ。

ビッグなターフビジョンを観ながら思う。

最終レースの前に、レモンサワー、もう一杯、いっておこうか?

一五　ああ！　次に目指したのが多摩川競艇場ってどうなのよ？

いや〜、うまくいきませんな。

ギャンブルというものは、あんまり期待せずに、ほんの少しの小遣い銭の中でやっているときには思わぬ大当たりにぶち当たったりしますが、よっしゃ、一発稼いでやろうかなんて山っ気を出したら、もういけない。肩に力が入るというのか、欲に目がくらむというのか、とにかく、かすりもしなくなる。

ここですっと引き下がるのが、集合ギャンブルを長く楽しむコツなんだろうと最近思うようになったのは、このところ、細かい賭けをしては持ち金を少しずつ着実に減らしてきたからだ。

だから、抑えなくてはいけない。ぐっとこらえなくてはいけない。間違っても翌日のリベンジを誓って酒を飲んではいけない。と自らに言いきかせる。なぜか。復讐に燃えて酒をあおると、ああ、なぜだろう、勝てる気がしてしまうからであります。

ということで、**東京競馬場**で札幌のレースを楽しむという散歩の途中のギャンブル酒は、ちょっと前にも寄ったばかりの「**真仲**」という酒場に戻って、熱くなりすぎないよう注意しながらたらたらと続いたのでありますが、さて、競馬場の次はどんなコースを歩こうかと思いめぐらして、あっ、と声が出た。それも理由があります。

この日から三日後の、多摩川飲み下りを続行するところまで話を進めましょう。まだまだ暑いわけですが、短パンにポロシャツ、背中にデイパックという気軽ないでたちで出かけるのは、苦しい労働というわけではなく、散歩です。忘れてはならないのは、凍らせたタオルとたっぷりの水。それからカメラだけ。まるで遠足、さあ、出発しよう。

前回、競馬場までたどり着いておりますから、今回も律儀にそこへ戻ってからの再開とする。

競馬場へ入るときに常日頃使うのは、正門だ。自転車で行くときは、西門。けれど、ほかに、南門、東門というふたつの門があることを知ってもいる。多摩川の土手へと戻るには、このふたつの門のどちらかを使うのが便利だ。

私は東門へ回り込んだ。

東京競馬場というのは、実にでかい。競馬場の外を一周歩くとなると、小一時間かかるのではないかと思えるほどだ。

そしてこの東門の外側には、関東関西のトレーニングセンターから運ばれてきた競走馬たちのための馬房がある。茨城県の美浦にトレーニングセンターと厩舎が移る前までは、この地に厩舎があったという。私はその時代を知らないけれど、そういった昔の話を聞けば、府中が競馬の街であることが、ストンと了解される。

山口瞳さんの『単身赴任』という短編集には「逃げの平賀」という作品が収録されている。これは競馬の騎手を主人公とするユニークな小説で、競馬場と厩舎のすぐ近くに住んでいる騎手は、夜に窓を開けて馬の匂いを嗅いだりしている。府中と明記されていないが、正門北側の広大な駐車場のあたりの、昔の光景なのかな、などと空想しながら読み、・酒を飲むのも楽しい。

それはともかく東門だ。競馬場を右に見ながら、方向としては南を目指す。

このあたり、住宅の敷地が広い。かつての、家によっては現在もつづく農家の集落なのか。門を入ると広々とした空間があり、農機具を収納する納屋があり、母屋があり、それらの中央のスペースでは、車がぐるりと方向転換できる。

いや、広いよなあ。と、羨望のため息をもらしながら眺めるその裏手には、これまた広々と畑が広がっていたりする。このあたりを通るときに感じる、どこかほっとさせる気分というのは、食べ物をその場でつくっているという豊かさが、目に見えて、即座に了解されるからだろう。

公会堂のそばを抜け、さらに下ってから何気なく左へ折れて、そこで行きついた少し広い道を右へ曲がると、中央道の高架下に出た。

ああ、ここかあ！

と合点がいくのは、ときどき車で通る道だからだ。突き当りを右へ行けば、前回、競馬場へたどり着く前に渡った**是政橋**である。そのすぐそばに、西武多摩川線の終点、**是政駅**がある。是政駅があるということは、その隣の駅が、**競艇場前駅**であるからして、ここに寄らなくていいのか、と自問自答してしまうのだ。

なにしろ、是政駅を出発する多摩川線は、競艇場前駅まではほぼ多摩川沿いを走り、競艇場を過ぎると、コースを変えて、多磨霊園、武蔵境方面へ向かうのだ。

そう、多摩川飲み下りという企画において、たとえひと区間であるとはいえ、川沿いを走る電車に乗らない手はない、と言えるのである。

とかなんとか。実は、このとき、少しばかり歩き疲れていて、エアコンのきいた電車に乗りたかった。だから、足は自然と駅へ向かうのである。

駅近くでスポーツ新聞を買う。目的はただひとつ。本日、多摩川競艇場でレースは開催されているのかどうかを調べるためである。

驚きましたね。やっていたのです。第五回第二節、最終日。こうなると、競艇場前駅で下車することは必定。買うのは最終のメインレースのみと自分に言いきかせてから入場したのであります。

場内で、何をするか。もちろん競艇を観戦する。そこには、お立ち台の上で予想を披露する予想家さんたちの推理、読みに耳を傾けるという楽しみも含まれる。私の場合、多摩川競艇で耳を傾ける人は三人と決めていて、当り前だけれど、彼ら独自の予想のスタイルを、ひとまず参考にする。ときに、一〇〇円払って予想を買うこともある。

そしてもうひとつの楽しみ。これが、競艇場で飲むビールであります。左の写真をご覧いただくと、あまりにもひどい写真なので、カップの中身が酎ハイなのかビールなのかさっぱりわかりませんが、これは、生ビールであります。

そして、つまみは、コンニャク。まあ、おでんですよ。おいしく煮てある。これがうまいんですな。多摩川競艇における私の好物のひとつです。

で、肝心のレースでございます。えーっと、当たりました。是政王子と呼ばれる好

このコンニャクの串がまた風情がありまして、餅とともに私の定番

調選手が絶好の一号艇だから、これを外す手はない。無理をして五号艇、六号艇あたりから大穴を狙うなんてことをしないのは、先般も競馬でやられたばかりだからだ。今日のボートは、一杯やって帰るための軍資金に化けてくれれば御の字である。

そこで、人気どころから、三選手をぶらさげて三連単で勝負したところ、買い目が六点に対して、配当は約二〇倍となったから、これはこれで、成功とすべき結果なのだった。

早々と戦いを終えて、再び、多摩川沿いを目指します。

ほどなくして、川沿いへ出る。そろそろ夕暮れの、美しい時間帯の多摩川をしばし眺める。川の向こう岸は稲城市である。

思えば、奥多摩のスタートからここまでで、約半分の距離を歩んできたことになる。途中、少しばかり電車に乗ったりもしておりますし、そもそもが川沿いを下るだけの、楽な行程ではあるけれど、それでも、三〇キロほどを歩んでくれば、はあ、はるばる来たなという感慨がないわけではない。

河口までの残りも三〇キロほどという計算になる。今はまだ、両岸に緑の多い中流域の表情を見せる多摩川も、これから、どんな姿に変貌していくのでしょう。前半戦、ひとまずの**中締め**、ということにいたします。

えー、競馬場の次は競艇場へ参りました。近いです。便利です

一六　京王相模原線の陸橋をくぐり、名物茶屋で一杯やる

さあ、多摩川飲み下り、ここから後半戦の開始です。前回は、夏の多摩川競艇場まででやって参りました。

実はあの後、ちょっと体調を崩しました。多摩川ではなく裏丹沢の渓流にフライフィッシングなるものを試しに行って、あまりの難しさに我を忘れ丸々一日川に立ちこんでおりましたら、その疲れがどっと出た。

腹の上までを覆うウェーダーなるもの——強烈に長いゴム長ですな——で擦られ蒸らされまくった皮膚はただれ、膝はがくがく、翌日は腰痛も勃発して、仕事どころではなくなったのです。

おまけに夏風邪もひいたらしく、秋口に入るまで調子が戻らないままアレルギーも出て、もう、ガタガタ。丈夫だけが取り柄であった私が、自らの異様なほどの衰えぶ

りを痛感したひと月となった。

そうなると、いろいろと後へしわ寄せがくるもので、結局のところ、秋のいちばん歩きやすい季節に多摩川沿いを歩くことができないまま、あっと気がつけば師走となって、正月となって、この一月というのが、東北やら関西やら出張も立てこんで、ようやく態勢を立て直したときには春一番がそろそろ吹くよ、というころだった。

出直しの出発点は、前回の終着地点である**西武多摩川線の競艇場前駅**。そこからまた、多摩川沿いへ出ます。

いったん是政橋へ戻ってから稲城市へ渡るとJR南武線の南多摩駅の近くに出て、そこから電車に乗るならば稲城長沼、矢野口へとつづくわけですが、線路沿いに歩くとすると、川から少し離れてしまう。

もちろん川沿いに歩くこともできるが、それなら競艇場前から**多摩川左岸**（川下へ向かって左側の岸）へ出て、同じく川沿いを歩くのでも、見える光景にさしたる違いはない。

ということで、左岸を歩く。この区間はずっと土手の上のサイクリングロードが整備されている。自動車やオートバイを気にしなくていいから、ぼんやりと歩くには最適。午後少し遅いスタートでしたが、この日は二月というのに暖かく、散歩日和とも言えました。

しかしながら、川岸のサイクリングロードに、酒を飲むスポットは見当たらない。当り前のことですが、ひょっとして酒屋の一軒でも見つかって、その店先でタバコを一本吸いながら缶ビールとか缶酎ハイなど飲めないものかと期待だけはするのですが、もとはといえばけっこうな暴れ川であったという多摩川の川岸は、そもそも危険な土地だ。そんなところに、昔ながらの酒屋のあるはずもなく、交通は必ずしも便利ではないからコンビニもない。ただただ延々と、川岸の道がつづくのみなのである。

このあたりの地理については、わりとよく知っている。川の対岸はやはり一本道で、たしかアカシア通りといったか。夜になると道は暗いけれど交差点が少ないから信号に引っかかることもなく、車をずんずんと走らせることができる道として、もう、ずいぶん長く使ってきた。

八王子市や多摩市あたりから、かつて住んでいた三鷹へ帰るときなど、甲州街道へ出てしまわずに多摩川の川沿いを走るのは、道も空いていて快適だった。夏の夜などは、窓を開け放って湿った夏の夜風を車内に入れながら走ったものだ。

そんなことを想い起こしながらふと気付くのは、若いころは、毎晩必ず酩酊していたわけではなかったということだ。もちろん、よく飲む方ではあったけれど、車を運転して出かけ、夜に帰宅するときには車内で眠り込む妻子を起こさぬように音楽も止め、ただ静かに運転していたのだなあと、今更ながらに思うわけです。

営業の仕事をしていたころは、毎晩、酒の席があった。なくても、ひとりで飲んだ。二〇代の半ばには父親になって、右も左もわからぬまま、ただ客先を走り回っていた私には、それなりに鬱憤もたまっていたのだと思う。

それでもたまの休みとなれば、妻子を連れて遊びに出た。少し遅くなってもみんなが疲れないように、必ず車を出した。中古のミニバンをやっとの思いで手に入れたころのこと。今、考えれば、いくら飲んでも翌日にはすっきりしていた時期だ。

それから、かれこれ四半世紀になろうとしている。こちらも、ずいぶんくたびれた。だから、散歩くらいがちょうどいい。きつくなく、気分よく、心地いい。

何を考えるでもなく**稲城大橋**の下をくぐり、歩き始めから小一時間くらい経ったか。また、橋に出た。

多摩川原橋。この橋を通る道は、調布からよみうりランドのほうへ抜ける**鶴川街道**だ。このまま街道を渡って川沿いに行けば京王閣競輪があるのはよく知っている。ただしか、そろそろ全日本選抜。京王閣で場外発売しているはずだったがな……。

と考えたところで自制しました。

多摩川飲み下りの前半のラストは、府中の競馬場と競艇場で立てつづけに飲みましたから、競輪場で飲むのも好きなのではありますが、三回連続でギャンブル場ではどうにも具合が悪い。

しかし、このまま街道を渡ってしまえば競輪場を覗かずにいられぬこともまた間違いがない。わたくし、酒もギャンブルも中毒症状には至っていない。なぜなら、やめようと決めればぴたりとやめられるからだ。ただし、やめようと思うかどうかの判断基準は生活信条というか人生の方針というか、なにか非常に根源的なものであって、我が内奥から湧出する「ギャンブル場で酒でも飲むか！」という野太い声に耳を傾けぬのは、物書きのはしくれとして明らかな誤りであると思わないでもないのである。そして、街道を渡ってまっすぐ行けば、その声は必ず聞こえてくる。いや、もう、かすかに聞こえている。だから私は、あえて、橋を渡るという決心を、自らに強いたのである。

橋を渡って多摩川右岸を歩く。土手下に入って野球場の脇を通る。ちょうど休日ということもあって、少年野球の試合が行なわれていた。いいなあ。やっぱり。「バッチ来い！」という黄色い声を聞いて、涙ぐみそうになる。

やがて、鉄橋が見えてくる。これは、京王相模原線の鉄橋。左手に、踏みとどまっ

稲田堤を歩くなら立ち寄らないことは不可能な茶屋がございます

た京王閣が見える。そして、このまままっすぐ行くと、魅惑の場所に出ることを私はよく知っているのだ。

河川敷に建つ、小屋が見えてきた。赤い幟が出ているから営業中だ。ここは、渡し船が行き来していたころからの茶屋で、たしか昭和一〇年くらいから営業している。もう、なんども来ていて、いくつかの雑誌にも書かせていただいた店であるが、やはり、寄らずにはいられない。

ガラス戸をがらりと開けて入ると、すでに五人ほどの客があった。今、この店の人気はすごいものがあって、過ごしやすい季節の休日など、外のテーブルまで満席になっていたりする。

しかしこの日は、まだ二月。店内は石油ストーブでしっかり暖められていて、なんとも居心地がいい。瓶ビールとおでんをもらう。女将さんに挨拶をし、多摩川を河口まで下るのですと伝えると、ふっと笑って、じゃ、これから下っていくのが長いわねと、やさしくいたわってくださった。

隣のテーブルのオヤジさんは熱心に新聞を読んでいる。私は、週刊誌をリュックから取り出して、ゆっくりとページを繰る。外に、少しずつ夕暮れが近づいてくる。大型犬を連れたお客さんが来た。ゴールデンレトリバーか。犬にはとんと詳しくないが、

おでんでビール。夕暮れの川を見渡しながら、ただ、ぼんやり……

なにしろ利口で穏やか。見ていて飽きない。週刊誌のほうは、不倫だミサイルだ覚せい剤だと喧しいが、犬は悠揚迫らぬといいますか。こういう具合に生きていきたいなと思わせる表情と姿態でもって、夕刻のビールを楽しむ散歩者を慰めるのでありました。

一七　「稲田堤」から川崎側を下り「登戸」でうまい蕎麦屋酒だ

稲田堤の茶屋で夕暮れを迎えてから二日後。よく晴れた風の日に、南武線稲田堤駅の改札を出ました。

ここから川へ向かえば前回訪ねた茶屋に着くのですが、このたびは駅の脇から住宅街へと入っていく。土手の道は車の往来が多いばかりか、ダンプなども通る。つまり、土手を越えて河川敷に下りてしまわない限り、落ち着いて歩けない。

そこで、川沿いに出るのを避けて、駅の近くから住宅街を抜けていくことにしたのです。

初めて歩く土地で、勘も働かないのですが、どこか懐かしいのは、先般通ってきた府中市是政界隈と雰囲気が少しばかり似ているからかもしれない。アパートやマンション、建売ふうの家の間を抜けていくと、しっかりした構えの家が現れる。広い庭の植木も手入れが行きとどいていて、適度に古く威厳がある。もとは農家なのだろうと察しがつく。

梅がかすかに香る庭先から覗き込むと、家そのものが、腕組みをして悠々と座っているような感じを受ける。

こういう家の、ガラス戸の内の廊下で、折り畳んだ座布団を枕にし、なにか難しくない本など読んでみたい。本に飽きたらうたた寝もいいし、庭先に七輪でも持ち出して、脂ののったキンメダイの開きなどちりちりと焼いて、それをつつきながらビールをごくりと飲むのも、もちろん、いい。

この光景は、私の憧れである。不要な可燃物や落葉の類を庭で燃すことのできる生活は、なんとか叶えたい願いとも言える。さらに欲張るならば、犬を飼いたい。雑種でいい。カネに余裕があれば、俗っぽいが柴犬もいい。その節にはシバタと名付けたい。

バカなことを思いながら歩く。梨の棚が見えてくる。稲城の梨は有名だけれど、隣町にあたるこの地域でもやはり、梨をつくっているようだ。

土手に出ないように気を付けながらコースを変えて歩いていく。やがて取水場に出た。手元のポケット地図を開くと、私が歩いている道の取水場のすぐ裏手は多摩川であり、そこに堰堤がある。

　ここで水を溜め、その水を取水場に流しているのだろう。羽村の取水堰から玉川上水が枝分かれしたのだなと思い出すうち、歩く先に小さな用水が見えてきた。やっぱり用水が流れているのだ。地図によれば、二ヶ領用水とある。後に調べたところでは、江戸時代の初期につくられたこの農業用水によって現在の南武線沿線の地域の農業が発展したとのことである。

　見れば、水はきれいだし、川べりも整備されている。岸の桜の枝が伸びている、ちょうどその下に流れを渡る小橋も架けられていて、日々の散歩コースとしては申し分なさそうだ。

　用水沿いにこのまま歩こうかと思うが、どうやらその先は南武線の踏切である。線路を越えては多摩川から大きくそれてしまう。そこで、またまたコースを変えるのだが、このへんはまったくの当てずっぽうだ。川と線路の方向はわかっているから、その間を進めばいいのである。

　電信柱の表示を見て、あれ？　と思ったのは、このあたり、布田、という土地なのだ。布田は私にとって、京王線の国領と調布の間の駅の名であり、その周辺というイメージが強い。まさか多摩川のこちら側まで布田という地名が続いているとは思わなかった。

ウィキペディアによれば、もとは甲州街道の宿場であった下布田の一部で、飛び地だったという。明治時代に、東京府と神奈川県の境を多摩川に引いたとき、神奈川県の布田になったとか。

二年ほど前、稲田堤の古老に、かつての多摩川はたいへんな暴れ川で氾濫するたびに流れが変わったという話を聞いたことがある。それを思い返すと、当初は、東京側の飛び地くらいだったものが、流れが大きく変わって実際には今の神奈川県サイドに近い場所となり、川を境に行政区域を定める際に二府県にまたがって地名だけが残るということになったと、納得もいく。

やがて広い道に出た。右へ行くと線路。左は多摩川と察しはつく。左へ向かって土手の手前の県道まで来ると、その交差点名は、**中野島駅入り口**である。この駅は稲田堤と登戸の間の駅だが、中野島と知って、もしやそのまた昔は、この土地のあたりが多摩川の中州のような土地であったのか、などと想像が膨らむのでもある。古地図の趣味はまったくないが、調べてみたい気になってくる。

県道を渡り、私はまた、サイクリングロードに出た。舗装された部分は自転車が通るので、その脇の草の生えた道を歩く。中野島の渡し、と書かれた碑があった。明治一八年の開設から昭和一〇年代の廃止までの間、東京へ野菜や果物を運ぶ渡し船が運航していたという。

ちなみに、前回立ち寄った稲田堤の茶屋の場合も、かつては近くに「菅の渡し」という渡し場があった。ここの渡し船は、昭和四〇年代後半まで運航していた。見えている向こう岸へ行くために船を使った時代は実はそう遠い昔のことではない。橋があれば便利だが、なくても往来はできた時代は、遠い過去ではない。

「船が出るぞー！」

という声に慌てて土手を駆け下り、乗船後はゆっくりゆっくり進む船の上から広い空を見上げてしばしぼんやりする。そんな乗り合い客のひとりに、私はなりたかった。

サイクリングロードは延々とつづく。稲田堤駅の歩き始めから一時間以上が経過し、少し疲れを感じてきたころ、前方に橋が見えてきた。あの橋はなんといったか。都内から世田谷通りを走って来るとこの橋を渡る。橋の近くに鉄橋があり、それは小田急線。東京側の駅は和泉多摩川、川崎側は登戸だ。

橋にたどり着いた私はそこからまたしばらく歩き、地図の助けも借りることなく、**登戸駅**へと出た。ここで南武線と小田急線が連絡する。

駅前をしばらく歩く。なにしろ、喉が渇いている。早くビールを飲みたい。その後は、燗酒を飲んで身体の内側からポカポカと温めたい。少し疲れてもいるから、あまり賑やかなところではなく、ゆっくりできる店がいい。

と考えていると一軒の蕎麦屋が見つかった。店頭のガラス窓の内側に日本酒の瓶が置いてある。私の好きな「神亀」がある。ここにしましょ、と即決した。店名は「更科」だ。

さっそくビールに玉子焼き。はあ、うまいねえ。風が強い日に河原を歩いたから全身ほこりっぽくていけないのだが、まあ、とにもかくにも、最初の一杯がうまい夕刻というのは、宝物のような時間である。

ビールの後は、「神亀」の燗。つまみには、自家製のからすみを頼む。しっとりとした上品なからすみを、同じくらいの短冊にスライスした大根ではさみ、カイワレをちょいと載せて口に入れる。しゃきっとした大根の歯ごたえ、冷たさ、辛さの後から、からすみの濃厚で深い味わいがふわっとわいてくる。ちょっと渋みも感じさせる「神亀」の濃さとキレがよく合う。うまいねえ、これは。

続くは「諏訪泉」。こちらは、お店のコメントによれば「とびきり燗」という、ごく熱い燗でもいいらしいが、私は普通の熱燗で頼む。これはさらにキレていて、好みの酒だ。当初、冷たい蕎麦で締めようと思っていたのだけれど、たぬきそばにした。

蕎麦前には日本酒ですな。酒肴にからすみをいただく贅沢な午後

たぬきで燗酒。私は、これが好きなのです。

そして、供されたたぬきそばがまた、おいしい。蕎麦はあっというまで啜りあげてしまうわけですが、わずかに残る天かすが汁にとけて、それが絶妙なつまみになる。はあ、うまい。メニューをまた広げるのは、次に来るときの楽しみを頭に刻んでおくためだ。

次はかつ煮か桜海老と玉葱のかき揚げでビールを飲み、鳥わさで冷やか常温の酒を楽しみ、締めは冷たい蕎麦にしよう……。

「ごちそうさま!」

すっかり暮れた駅前へ出た私は、また来ようと思う店に出合えた幸運に、思わずにんまりと笑みをこぼしたのです。

締めの蕎麦は温かいのにしました。汁を吸った蕎麦がいいつまみに

一八　名作『岸辺のアルバム』を思いつつ エールビールで乾杯

さて、**登戸**まで下って参りました。ここからまた、多摩川左岸へ渡ろうと思います。そこで、登戸駅からは小田急線にひと駅だけ乗って川を渡り、**和泉多摩川駅**に到着します。この駅の改札を出るのも、考えてみれば初めてのこと。たしか多摩川の岸が近かったはずという、それくらいしか土地鑑がありませんが、かえって楽しみです。

駅前から、例によって当てずっぽうに歩く。それとなく、こちらが川だなというのはわかる。空の広さがそう思わせるのか。大きな川の近くを歩いていると、日頃とは異なる方向感覚が生まれるのかもしれない。

商店街を抜けていく。和泉多摩川駅にこうした商店街があることを知らなかったからいかにも新鮮なのだが、ぶらぶらしてみると、飲み屋さんもあるし、コインランドリーが目につくので、学生さんもたくさん住んでいるのかと想像する。さて、どこか

農家の庭先をかすめるようにして、しばらく川を離れて歩きます

に大学でもあったかどうか。ちょっとわからないのだが、川岸へは出ずに、それでも、方向としては川下へ向かっていく。

路線バスも通る道の電信柱にある住所表示を見るとここは狛江市の猪方というところ。小田急線の鉄橋から見れば川下にあたるのだよなと見当をつけたとき、はっとした。

このあたりが、多摩川水害で住宅が流された地域ではないか。おそらくはもっと川に近いところだと思うが、おおよその場所の見当がつくのは、家が流される映像をテレビで見ながら、これはどのあたりだと家族で話していたのを記憶にとどめているからだろう。

私の住んだ三鷹市からは、子供がこぐ自転車ではかなりの時間がかかったと思うが、それでもこの付近まで、兄に連れられて魚釣りにきたことが、たしかにある。

実際の水害からしばらく経って、この水害を題材にした『岸辺のアルバム』という小説がドラマ化され、中学生になっていた私も、毎回、息を飲んで見たものだった。だから、今、私の記憶に残っている映像は、ドラマの主題歌のバックに挿入されていた映像のほうかもしれない。

それはともかく、ちょうどこのあたりかと思うと、感慨深い。多摩川の堤防が切れて濁流が流れ出し、家々が次々に流されるなどということは、まったく想像もつかないことだったからだ。

戸建ての家を買った、上辺だけは理想の家族。しかしその内実は崩壊しているに等しい。そんな四人を大水害が襲い、家は流される。が、家族の記録であり記憶であるアルバムは残る。そんな話であったか。私には、あまりできのよくない長男が、大洪水の最中、この家にさよならを言おうよ！　と叫ぶシーンが鮮烈だった。見かけの平穏を嫌い、家族思いであるがゆえにさんざん盾突きもした長男のこの呼びかけに、父も母も姉も呼応して、「さよなら」「さよなら」「さよなら」と叫ぶのである。

中学生の私はこのクライマックスを、たいへん感動して見た覚えがある。しかしその一方で、私事で恐縮ですけれども、我が家の父の出奔から二年ほどが経ち、父不在でも家庭生活はそれなりに成り立つことを知った私には、どうにもピンとこないところがあったのも事実なのだ。なにしろ死別ではなく出奔による生き別れですからね。災厄によって浄化され蘇生する家族、みたいな感覚には馴染めなかったのかもしれません。まあ、あたくしも、子どもでしたから。

とかなんとか、ぼんやり思いながらも歩いていると、かれこれ二〇分もしたころか、一軒の蔵のような外観の建物が見えてきました。「籠屋」というのが屋号のようですが、どうやら酒屋さんです。ちょっと、覗いてみましょう。

いや、驚きました。狛江には、品ぞろえのすばらしい酒屋さんがあるということは聞いたことがあるのですが、こちらのことでしょうか。いわゆる清酒、焼酎系に強いのは容易に想像がつくところですが、ウイスキーやビールの種類もすばらしい。酒ならなんでもいいなどと、日頃、口にしておりますけれども、なんでも飲むのは飲むにしても、いろいろ飲んでみたいという欲求がないわけではない。むしろ、昨今は、今まで知らなかった日本酒やワインなどを試してみて驚くことも増えたから、モルトウイスキーにしろ、世界各国のビールにしろ、いろいろあれば嬉しくなるのが人情というものです。

そこでビールの並ぶ冷蔵庫をしばし眺めまわし、NEW BELGIUM ABBEYという一本を手に取った。ダブルエールと書いてあるから度数がちょっと高いのか。細かい文字に目を走らせることがひどく億劫になっている昨今、度数が強かろうが弱かろうが、そもそも知ったこっちゃないという結論を得まして、これをレジへ持って行った。

さて、この一本は、三五五ミリリットル入りの瓶ビールであります。つまり、栓を抜かないと飲めない。もちろん、すぐに飲みたいし、栓抜きはさすがに持ち歩いてい

ない。で、レジのお姉さんに、これ、抜いてちょうだいと頼んだら、

「ありがとうございます！」

というひと言が返ってきました。

買ったビールをすぐにも飲んで味を試してくれる客への感謝の意、ということなのか。なんともハキハキした娘さんでこちらも気分がよくなるわけなのですが、お釣りを待つほんの束の間、レジ横のショップカードを手に取れば、籠屋と中央に大書してある名刺の上側に、「情熱の酒屋」というコピーを発見した次第です。

いいですねえ、情熱の酒屋。私は、多摩市にある、きわめて情熱的な地酒の品ぞろえを誇る酒屋さんでよく酒を買いますが、今度は、車を出してこの「籠屋」さんまで、ウイスキーだのビールだのも物色しに来たいものだと、つくづく思うのでした。

さて、リュックを背負い直した私は、手に、すでに抜栓した瓶ビールを持っている。これを早く飲みたい。どこで飲むか。もちろん川岸だろうと、今度こそ、川はこちらだと見当のつく方向へ、住宅街の細道を入っていく。

歩きながら飲んじまうか。と、一瞬思い、瓶を口に持っていきかけたところではっと気づくのは、下校途中の小学生ふたりがこちらを見ていることなのだった。

少年たちよ。見るでない。行きずりの酒飲みをどうか気にしてくれるな。と思うも

のの、少年たちの目線、逆にこちらが気にかかる。

ごまかしに、畑など覗いて、そろそろ旬も過ぎようかという菜の花の畝など写真におさめたりするのである。

やがて三叉路に行きあたり、私は右へ、少年たちは左へ、ようやく分かれることができた。さあ、飲めるぞ、と前方を見れば視界が開けている。おお、川岸まで出てしまおう！

しばらく土手を歩き、川が大きく蛇行しているあたりで、土手の下までさらに下った。蛇行した川は、細くなった分だけ流れが早く、川面は空を映して、青く、美しい。

ここだ、ビールを飲む場所は——。

私は灌木の茂みの近くに腰をおろし、川の流れを眺めながら、このベルギースタイルのビールを飲んだ。濃いし、コクもあるのだが、すっきりとして苦みもちょうどいい。初めて飲むビールなのだが、たいそう、うまい。しかし、ベルギーにこんなビールがあったのか。そう思いつつ暗い酒屋の店内では読みようもなかったラベルの小さな文字に目を凝らせば、醸造と瓶づめはアメリカでなされているらしい。アメリカ産の、ベルギースタイルの、ダブルエールということなんですな。ややこしい。けれど、まあ、うまいんだからそれで結構です。川岸のコースでは警視庁の白バイ隊がさかん

巡り合った酒屋さんで買ったベルギースタイルのビールを河原にて

に訓練をしており、私はときおりそれを眺めながらビールをゆっくり飲んだ。

再び土手へ上がると、例の国土交通省による距離標が立っていた。河口まで二〇キロ。昔ふうに言うと、あと五里。ずいぶんはるかに歩いてきたものです。

一九　苦手のニコタマを避け、「溝の口」で絶品つくねを食す

再び、土手の上を歩いています。多摩川の左岸です。ここから河口まで、歩くだけなら二日もあれば行きついてしまう計算ですが、このあたりから、川沿いの街での、飲み屋巡りが楽しみになってくるような気もしてくる。

日野市から多摩市に入るころからぐんと広くなった全景には変わりはない。けれど、中流域を下るにつれ、周囲の雰囲気は少しずつ変化しているのです。

自動車の交通量も多くなっているし、右岸に連なっていた多摩丘陵も、もう見えません。今、歩いている左岸から東京側を見渡せば、住宅、住宅、であります。

それでも、川岸は長閑だなと思うのは、土手の上を散歩したり、ジョギングをしたりという人たちが、ゆったりと構えているからかもしれません。

ふと見れば、前方左手に、休憩所がある。そこにお父さんたちが集まって談笑して

いる。酒を飲むわけではないようなので、散歩の途中で顔見知りに出会えばしばし話すという間柄なのでしょう。リタイアした後、自宅に引きこもって不機嫌になるより、よほどいい。晴れた河原で孫の自慢話でもしているのだとしたら、これほど豊かな午後もなかなかないのではないか。

お父さんたちの横を通り抜けて前方をはるかに眺めれば、ああ、ニコタマが見える。京王線の調布駅から二子玉川駅までは、小田急バスが行き来している。私は三鷹市内の、調布駅が最寄り駅になる地域に都合五年ほど住んだことがある。そのころ、仕事で新玉川線や大井町線の沿線に出かけるとなると、一度渋谷へ出てから戻るのはなんとも億劫で、調布からバスを利用した。

距離もけっこうあるし、広い道を通るわけでもないから時間は読めない。けれど、時間が読めないからこそ、急がずに出かけられるというもので、私はこのバス移動が好きだった。

調布を出たバスは国領のあたりから慈恵医大病院を通り越し、狛江駅を過ぎて世田谷通りへ出る。そして、喜多見駅の近くから、世田谷通りを離れ、二子玉川へ向かう。このあたりから、車窓の風景がのんびりとしてくるせいもあって、にわかに眠くなる。手にしていた文庫本を閉じるやウトウトしはじめ、ああ、けっこう寝ちまったな、と思ったときには、バスはもう終点二子玉川に近いところまで来ていたりするのだった。

なんだか妙に贅沢な感じのするニコタマという街が、私はあまり得意ではないのだが、バスで行くニコタマは嫌いではなかった。そして今、土手を歩きながら近づいていくニコタマにも、どこかに田舎の匂いを嗅ぎつけていたりする。それは、わりといい気分だ。

けれど、飲み屋さんの見当がつかない。先刻飲んだ瓶ビールの後、水も飲まずにせっせと歩いてきた私は、もう、そろそろ、ジョッキの生ビールを流し込みたいくらいに渇きはじめているが、さて、どこで飲むか。

二子玉川駅が近づいてきた。もちろん、この街で酒を飲んだことはある。けれど、また訪ねたいなと心に留めている店があるわけではない。だから、ゼロベースで、勘を頼る。

私鉄駅の周辺にいかにもありそうな路地を探す。三〇年とか、四〇年くらいつづいていそうな赤提灯のあるような路地だ。吉祥寺にはないが、西荻窪にはまだ残っているような路地だ。

見つからないんですなあ、これが。それっぽい通りはあるものの、ああ、これこれ、という店に巡り合わない。飲食店の集中するエリアを二周してみたけれど、よし、ここだ、という店に出くわさない。

参ったな……。私はそもそも、店の構えを云々して入る店を決めたりしない。おっ、モツ焼きだな、いっちょ入ってみるか、と扉を開けてみて、あらら、こりゃちょっとアテが外れたかと思ったら、一杯飲んで店を出るまで、と思ってきた。東京にいても、地方へ出向いても、それで通してきたし、実は、ひょいと入ってみて、ああ、こりゃダメだと、すぐさま出ることになった店は、ほとんどない。

それくらい、飲み屋の暖簾をくぐるのが好きであり、ひとたび客となれば、ほとんど文句が出ないというのが私の性癖でもある。

たとえば、どうやったらこんなにまずい飲み物を考案できるのだろうというような、そういう一杯に巡り合ったとする。そんなとき私は、おお、まずい！　と思いながらも、けっこうおもしろがっていたりする。それがチェーン店でのことであるならば、この一杯のアイデアを採用するかどうか会議で決めたのだろうとなと空想し、「うん、いいんじゃないの」かなんか言って許可を出した部長の顔なども浮かんできて、おもしろくてしょうがないという状態になる。

余計な話が長くなりましたが、そんな私でも、ひょいと入りたい店が見つからないのだ。相性が悪いというのか、肌が合わないというのか。ニコタマを諦めた私は、対

けっこう歩いて疲れ果て、挙句に杉玉のある渋い酒場に行きついた

岸へ渡ることにした。

乗った電車は、田園都市線ではなく大井町線のほうだったらしく、対岸の二子新地、高津という二つの駅を通過して、溝の口に停車した。けれど、溝の口なら、飲み屋に困るまい。そういう期待がある。だから、私は元気を取り戻して、街へ出た。

ぶらぶらすることしばし。溝の口で飲むのは初めてだけれど、ああ、ここだ、ここだと思える店が見つかった。

「たまい本店」。メニューを見ると馬刺しがある。生ビールと一緒にさっそく注文。出てきた馬刺しをひと口食べて、ああ、正解だ、と自らの勘に感謝した。うまいですぞ。

ナンコツ、レバー、ボンジリの塩焼。これまたすばらしい。店には、「金運つくね」というメニューもあって評判のようである。

金運がつくってか？　人生半世紀の余、稼いだ金はすべて右から左、雲散霧消して金運どころか息も絶え絶えの私であるが、つくねで人生変わるならと頼んでみたところ、これが、なにしろうまいんですよ。びっくりした。金運はどうでもいい。ただ、このハンバーグみたいなつくねがうまいというだけで、なんとも嬉しいのである。

周りを見回すと、お客さんはいろいろ。カップルあり、男の二人連れあり、若い女

強烈なんです、つくねが。大きいし、うまいし。しかし、いい店だ！

の子の二人連れもいるし、もちろん、ひとり飲みのお父さんたちもいる。

生ビールとやきとりと、刺身を一皿もらって、それを肴に熱燗一本。ずっと日刊紙に目を走らせているお父さんの、がっしりした背中がいい感じですよ。単身赴任かなと思ったりもしたのですが、酒が終わるころ、おにぎりと味噌汁を頼んだのを見て、なんだか、いいなあと、改めて思った。

どういうご事情かは想像がつかないけれど、カウンターでの一時間。その日のニュースを下世話なところまで含めて日刊紙で眺めわたし、少し飲み、少しつまみ、握り飯と味噌汁で締める。そういう一時間は、たったひとりの休息だ。奥さんも、息子も娘も、上司も部下も知らない時間。これがないと、男は辛いんじゃないかなと思う。だから、そんな時間を過ごすことができる昔ながらの飲み屋さんに、ちょっと大袈裟だけれど、深い有難みを感じるのです。

レモンサワーを間に挟みつつ、半分凍らせた日本酒を頼みます。みぞれ酒といいましたか。シャリシャリに凍った日本酒が、竹をそのまま使った器に入っている。それをすくって猪口に入れ、きゅいっとやると、なんとも爽快です。酒自体はちょっと甘いかと思いましたが、それは好みの問題。寒い季節、燗酒ばかりを飲んできた私にとって、シャリポン酒は、なんとも新鮮なのでした。

勘定を済ませたとき、川崎競馬の帰りにはここだなと思い決め、私は駅を目指しました。

二〇　次は串カツ。「武蔵中原」で開店直後から喰いかつ飲む

いやあ、よかったですねえ、溝の口。読みのとおり、多摩川飲み下りは川崎市を下流に進むほどに、飲み屋さんが濃くなってくるようです。思えば、この飲み下りの最初のころ、場所によっては、とんと飲み屋が見つからなかった。

まあ、それはそれで、道っぱたのベンチとか、河原の緑地とか、そんなところで飲む缶ビールがやたらうまかった。

夏の盛りの散歩の途中の缶ビールてえものは、まあ、どこで飲んだってうまい。エアコンのビシビシ効いた部屋で飲むのもうまいし、汗をふきふき、木陰で飲むのもうまい。つまみなんざ、コンビニのサンドイッチでも肉屋のコロッケでもなんでもいい。だからね、飲み屋さんがないならないで、ぶらぶら歩きながら飲みたいならば、実は困らない。

けれども、こうして、飲み屋の濃い街にさしかかってくると、単に散歩をいたしましょう、というよりも、このさき、どこで飲もうかと、出かける前からあれこれ想像する楽しみが新たに生まれてくるわけです。

これが、実に、楽しい。いい歳して、本当にバカみたいですがね。バカみたいですけど、出かける前に、どこで飲もうかなって、考えるのが楽しいのです。

とはいえ、私の場合、ほとんど調べることはない。事前に調べてしまうと、どうしても探してしまうでしょう。だから、調べるにしても、どのへんが飲み屋街か、くらいしか見当をつけない。そう考えると、ラーメン屋にしろバーにしろ、有名店、話題の店を次々に訪ねようという人がいらっしゃいますが、あれ、わかんないんですよねえ。まして、目的の店にようやくたどり着いてから空席ができるのを並んで待ったり、あとね、決定的にわかんないのはスタンプラリー。全部回ったら記念品あげます、あなただけに、みたいの。わかんないんですよねえ。

まあ、他人様のことはいいや。とにかく飲み下りの続きは溝の口から、なんとなく、北東というのかな、東急線に沿うのではなく、東急線を左にしながら、徐々に右方向へ離れていくイメージで歩きはじめました。

ほどなくして、ああ、また、出ましたよ。**二ヶ領用水**です。今じゃ、この水を引く田んぼが残っているのかよくわかりませんけれども、やはり、細い水のほとりには風情がある。用水の側道を、リュック背負って杖をついたお婆さんが歩いていく。その、肉厚で、可愛らしい背中に向けて私はシャッターを切る。

ばあちゃん、気をつけろよ。転ぶんじゃねえぞ。いつの間にか毒蝮三太夫みたいになっている。いや、私は、見ず知らずの人をばばあ呼ばわりする勇気は持ち合わせない。

一本道をゆくわけではないのだけれど、さっきは左へ折れたから次は右か、そんな具合に、当初決めた方向をぶらぶらいくと、予想どおり、**府中街道**へ出た。多摩川右岸からさらにちょっと右側を川崎まで抜け、最終的には東京湾アクアラインにつながって、なんと千葉県木更津までつづく、けっこうな道。けれど、このあたりでは、変哲もない、昔ながらの街道で、これを渡り、さらに、北東をイメージしながら行くと、多摩川の右岸へ出た。ということは、東急線の溝の口から、高津、二子新地とつづく二駅分を、斜めにやり過ごしてきた形になる。

はあ、やはり河原はいいや。河川敷で子どもたちはサッカーの練習をしている。また、土手の上の道を歩く。多摩川右岸、海から一七キロ、という、例の国土交通省の石標が現れた。

ああ、一七キロか……。と思ったとき、ふと疑問がわいた。河口まで歩こうという私にとって、この標識はたいへん意味がある。目安になるし、励みになる。けれど、私以外の人に、これを必要とする人はいるのだろうか。

わからない。世の中、わからないことだらけだ。わからないときは、歩くに限る。

やがて、また、橋をくぐりました。これは第三京浜国道。なんだか急に、ずいぶんと下ってきたような気がします。適当なところで、土手を下り、府中街道へ出て、夕刻の酒にぴったりの店探しに入ろうか。

そんな心持ちで、土手を下り、川沿いの道を渡ると、工場と住宅が複雑に入り組んだ細道に出てしまった。どうにも、方向感覚がつかめない。

まあ、気にすることはない。だいたいの方向で行けば府中街道に出る。街道に出れば道路標識がある。標識があれば南武線の駅が見つかる。勘では、武蔵新城か武蔵中原か。

ふと、グラウンドに出くわした。河川敷のグラウンドと違って、なんというか、ちょっと本格的に練習するための施設に見える。

子どもたちが走っている。サッカーの練習なのだが、なんだか妙にうまい。なんだこの少年たちは？　と、そのとき気がついた。ここは富士通のグラウンド。ということは、Jリーグ、川崎フロンターレの下部組織なのか、彼らは……。

規律がちゃんとしているんですな。教えているコーチが、現役かい、と思えるくらいシュッとしたいい男だし、向こう側のベンチには、平日の夕方だというのに、お母さんたち、たくさん観に来ている。

なんだか、嬉しくなってくる。こんな小さいころからちょっと過保護じゃないかと思わないでもないけれど、本物を目指すなら、草サッカーよりはやはり、クラブチームだろう。

住むエリアから言えば、私はFC東京のファンであっていいはずなのだが、次のシーズン、川崎フロンターレに注目してみようかなどと考えた。

府中街道へ出て、等々力の運動場近くを通るころには、へバッてきた。溝の口で歩き始めてから二時間半が経過している。腰も痛い。

私は地図を取り出し、場所を確認し、**武蔵中原駅**へ向かった。

そうして、駅前に到着したとき、腕時計をみるとぴったり五時であったことに、我ながら少しばかり感動していた。五時なら、どこかの飲み屋が開く。必ず開く。

見つけました！　その速度、一瞬と言っていい。串カツ屋さん。その名は**「まるりゅう」**。店の中はまだ暗いみたいなんですが、お客さんふうの人が入って行ったから私も迷わず後を追う。

「開いてます？」

こちらは河川敷。小さい子どもながら巧みにドリブルするんです

開いてるに決まってるさと思いながら訊く。

「はい、いらっしゃいませ！」

よっしゃ！

生ビールをまず、ごくり。牛、豚、ウインナー、鶏のササミの梅、それからレンコンとシイタケと……。私は日頃、酒を飲むときはあまり喰わないが、広い空を眺めながらよく歩き、ユニフォーム姿のかわいらしいファンタジスタを眺めた後だから、実になんとも、機嫌がいいのである。

こちらの串カツがまた関西風で、例のソースの二度漬け厳禁というやつですな。私は大阪へ行くたびに、もし時間があるなら串カツの一本でも二本でも食べたいと思うほうだから、昨今の、関東における関西串カツブームを、実はひそかに歓迎しているのである。

と、ここまで書いて、言い忘れていたのは、こちらのアスパラのでっかいのを揚げたヤツも、うまかったねえ。

店は時間制限の食べ放題をやっているみたいで、私が生キャベツを齧りつつ串カツを味わい、「知多」というグレーンウイスキーのハイボール（これが揚げ物によく合った！）をぐびぐびやっている間にも、次々にグループ客が来店。みなさん、会社帰

小腹が減ったから、 気がつけば串揚げとビールが止まらないのです

りなんだろうけれど、いつしか旺盛に飲み喰いを始めた。

いいねえ。飲み放題、喰い放題の割り勘なら、互いの気遣いは無用。しかも時間制限があるから、適度に腹を満たしたら、次へ行くにしろ、ここで止すにしろ、みんなで相談すりゃいい。

みなさん、お疲れ様でした。アタシはサラリーマンやめてからずいぶん経つけれど、そういう飲み喰い、好きでしたね。同じ会社の同じ顔ぶれで、似たようなものを食べつつ飲む。話題もあまり変わり映えしないのだけれど、かといって、話に詰まるということもない。実は会社の同僚や先輩、後輩なんてのは、ある意味で親兄弟よりも長い時間を過ごす身内みたいなもんで、お互いに酒を飲むのに、理由なんて要らない。だから、いい。とにかく楽だ。酒も話も、それから懐も楽なら、なおさらいいや。

ハイボール、もう一杯、やっていこうか。賑やかに飲むビジネスマンたちを、ちらちら眺めながら、私も久しぶりに仲間と飲んでいるような気分である。

キャベツがうまい。なんで、ただの生のキャベツがうまいのか。答えは出ない。ただ、バリバリとキャベツを齧り、ハイボールのタンブラーを空にし、一拍おいて、右手を上げた。

「ハイボール、もういっちょ！」

二　「武蔵小杉」では気になっていた名店の暖簾をくぐる

武蔵中原の串カツ、たいへんおいしゅうございました。私のような飲兵衛にとって、酒を飲める場が俄然増えてきたことも、嬉しいかぎり。奥多摩から下り始めたときは、途中どこかで飽きるだろうなと思っていたのですが、これが、飽きない。不思議なことに、まったく飽きない。

どうやら、こういう一見してアテのないそぞろ歩きにも、飽きないようにするコツというか、それなりの工夫があるような気がします。それはどんなものか。

簡単なことで、決まりを作らないということ。ともかく多摩川沿いに下ってみようという、その一点以外は、決めごとをつくらない。一日にどれくらい歩かなければいけないかとか、歩く時間帯はいつでなければいけないかとか、何一つ決める必要がない。酒を飲むと決めてはいるが、極端な話、歩きながらウイスキーをちびちび舐めるということでもいい。

そんなことで歩いていると、なんとも気楽です。さて、どうしようかと、迷うネタが、そもそもない。

たとえば、前回は武蔵中原界隈で飲んだから、次回は武蔵中原から先へ歩くとしても、その始点まで、自宅から向かわなければいけないというわけではない。

そのことに気づくと、さらに気が楽になる。というのも、日頃のなにがしかの用事のあとに、空いた時間で飲み下りを続ければいいわけだから。

私は、この春の某日、東海道新幹線の中で、そのことに思い当たったのです。

関西からの帰路、都内へ出て一杯やるか、それとも新横浜で乗り換えて多摩方面へと帰って行くか。しばらく考えていたときのことだった。

そうか、新横浜から菊名へ出て東急線に乗り換えれば武蔵小杉が近いと、思い至った。

本来ならば、南武線の武蔵中原から武蔵小杉までのひと駅に相当する区間を、川沿いの道で下るべき、という考え方もできる。けれど、先般、武蔵中原駅へと向かう前に歩いたコースは、川沿いから府中街道を経て、あとひと足のばせば武蔵小杉という地点を通過してもいた。であれば、このたび、武蔵小杉駅界隈で飲み下りの再開としてもよいはずだ。

新幹線に乗ったまま都内へ戻るか。あるいは、新横浜から横浜線で町田、相模原方面へ帰るか。普段はこのいずれかを選ぶことが多いのだが、私は、前述したとおり、東急東横線を使って、**武蔵小杉**に下り立ったのである。

この駅は、東急東横線と南武線が連絡しているから、多摩へ帰る私には便利な駅である。湘南新宿ラインが通ってからは、鎌倉、逗子方面も驚くほど近くなった。

しかし、武蔵小杉で下車して街を歩くことは、このところ、とんとなかった。そして、下り立ってみて、わけがわからない、という状態になった。ニョキニョキとビルが建っていて、どうやら高層マンションとわかる。少し前に、武蔵小杉が住みたい町の上位にランクされている、という話も聞いた。交通至便、都心に近く、ショッピングセンターも充実している。と、なると人気が出て当り前なのだが、吉祥寺が人気になるのとはまたちょっと別の意味で――もっと効率的というか都会重視というか、そんな視点から見た利便性の良さという意味で――人気を集めているのかなと思われた。

線路の際にそびえる高層マンションを眺め上げながら、はあ、武蔵小杉って、昔はこんな感じじゃなかったよなあ、と圧倒された。

私が出たのは、東横線の南口のようである。

ああ、古い感じの店も残っているな——。嬉しくなって眺めると、喫茶店のようだ。店名は、BRAZIL。横に、喫茶、軽食と表記してある。その上方には、洋酒コンパブラジル、の文字がある。コンパというのは、昭和四〇年代あたりに流行った飲み屋さんの形態で、たしか、若い人向けのデカ箱のバーといったようなものではなかったか。

今、そこに見えているのは、あの時代と変わらぬコンパなのか。一階の喫茶店の脇に階段があるから、まだ、営業中であるのか。

いろいろ気になるのだけれど、私はこの日、武蔵小杉ならここに寄りたいという店を、すでにピックアップしていた。

というより、かなり以前に、この店の話を聞いていて、一度お邪魔をしてみたいと思っていたのだ。「玉や」という店である。

渋い構えの建物の前に着いたとき、まだ、五時前だった。けれど、ひとりのお客さんと思しき人が暖簾をくぐるのが見えた。店内の灯りもついている。

思い切って、私も入店した。予想していたのとぴったり重なるくらいの広さで、ちょっと出遅れたら常連さんでいっぱいになってしまうのではないかと思われた。

図々しいかと瞬時ためらったが、カウンターの端の席を好む人もいるやもしれない。

ここは一度は来てみたいと思っていた憧れの店、緊張して入店だ

そう思って、カウンターの真ん中に席をとる。

関西方面の出張は、飲食店の取材が目的だった。前夜、取材をし、その後、自由にできる時間をつくってから腰を入れて飲んだ。

そして、この日も昼から取材で少し飲み、帰りの車中、そのままビールなど飲みついできたものだから、もう、腹は少しばかり膨れていた。

それでも、カウンターのネタケースを見ると、うまそうな串がぎっしりと詰まっている。私が得た事前の情報は、鰻を串に巻き付けて焼く「くりから焼き」——こちらでは「からくり」というらしく、どちらが正式な呼称なのかわからない——を喰うべしというものだったが、私の目が吸い寄せられたのは、豚のタンの串である。

見るからに、うまそうだ。

ビールは、もう、いいかな。ということで、最初からレモンサワーをいただき、タンを焼いてもらう間に、キュウリももらう。

味噌をつけながらのキュウリもうまいが、その前に、お通しとして出た小皿のイブリガッコがまた、うまいのだ。分厚く切ったガッコをボリボリやりながら、レモンサワーで口の中をすっきりとさせる。たまらんねえ。

やがて、タン塩がやってくる。そのころには、二人、三人とお客さんが入ってきて、

紫蘇巻きサイコー。店の風情も格別。新人飲兵衛に戻った気分で飲む

私の前に入った人も含めて、開店早々、ほどよい賑わいを見せはじめる。三月下旬の、まだ寒い日だったが、店の中はポカポカ陽気のように、居心地がいい。

「南武線の車両、インドネシアで走ってるってな」

常連と思しきお客さんが店のご主人と話している。

昔の京王線の車両が島根の出雲大社のあたりでまだ走っているなんて話は聞いていたけれど、南武線がインドネシアでご活躍とは知らなかった。すごいことだなと思う。行ったこともないジャカルタ郊外を思い浮かべていると、信じられないものが視界をよぎった。

ポテトサラダである。特大ポテサラである。あれは、山である。そして、うまそうである。名物になって然るべきものと即座に納得するが、私の場合、あれをひとつ頼むと喰いきれない可能性がある。今頼んだ、二席隣のお客さんの手元をちらちらと眺めつつ、頼むか頼まぬか、人知れず悩む。懊悩する。

そうこうするうち、タン塩の二本目も、残りがわずかになってくる。レモンサワーはすでに二杯目。鰻にするか、それとも、と、また、軽い葛藤の渦の中に身を置いて、紫蘇巻きを頼んだ。

いい塩梅に塩をふった紫蘇巻きは、予想を超えるうまさである。たしかこの店は五〇年は経っていると、突然、事前情報を思い出す。てえこたぁ、アタシが生まれた頃に始まったってことじゃねえか……。わけもなく感慨深い。昼から飲んでいるので、酔い始めたのかもしれない。紫蘇巻きを串から齧って口中におさめ、そのうまみを噛みしめる。ありがたいねえ、と、また、わけもなく感慨深い。

お隣の席でご一緒させていただいた旦那さんと、知らず知らずのうちに、少しばかりの言葉を交わす。

「今日は病院だったけど、医者にね、玉やに行くって言ったら、あそこならいいですって言われたよ」

そんな素敵なジョークを言いつつ店に来たその旦那さんは、聞けばヤクルトスワローズのファンであるという。おそらくだけれど、国鉄スワローズを知っている世代だ。

「僕が見た最初のヤクルトは、アトムズでしたよ。武上っていう二塁手が好きでした」

私もすっかり調子に乗っちまった。よく考えたら、オヤジと呼んでいいくらいのご年齢の方であるが、こうして馴染みの酒場で飲む姿は現役そのもの。その姿に惹かれて、一杯、また一杯とお代わりをした。

「また、寄ってよ」

ひと足先に席を立つ私にそう声をかけたのは、店のご主人ではなく、隣り合わせたこの旦那さんだった。

二二　昼から飲めると評判の店を「新丸子」駅付近で発見す

「玉や」を出て、その晩はいったん帰宅したのだけれど、このところ、いい店にたて続けに巡り合っていることがなんとも嬉しく、よっしゃ、明日も参りましょうと、決意して寝床へ入ったのだった。

そして、翌日、早くに起き出して、午後早い時刻までに最低限の仕事を片付け、いそいそと**武蔵小杉**へ舞い戻った。

向かう電車の車中で、地図を見る。前々回、府中街道から武蔵中原駅へと曲がった角は小杉十字路。そのまま直進してくれば、武蔵中原駅までとほぼ同じくらいの時間で、武蔵小杉駅に着いたことがわかる。

目を転じて、武蔵小杉のその先へ行くとして、府中街道を進むならば、街道は、南武線の線路と入れ違いになったりしながらも、多摩川の、河口に向かって右側の土地を走り、やがて、多摩川の河原に沿うようにして東海道本線、横須賀線と京急をくぐっていく。つまり、川崎駅を抜けていくことになる。

しかし、それでは、いかにもあっけない。ここらあたりで再び、東京サイドへ渡ってみたいと思ったのだ。

そこで、地図を改めると、武蔵小杉から中原海道へ出れば、丸子橋を渡って対岸まで遠くない。向かい側は、おお、大田区田園調布ではありませんか。しかも、武蔵小杉から丸子橋方面へと向かう間には、東急線の新丸子という駅の脇も通る。私鉄の小駅の、小規模ながらも賑やかな商店街も見られるのではないか。

私は前日に伺った「玉や」さんとは、南武線を挟んで反対側へ下り、新丸子駅方面へとぶらぶら歩きはじめた。

予想どおりの、雰囲気がある。武蔵小杉駅前で見上げた高層マンションの威容とは異なる、低層の建物がつらなる商店街は、歩いていて、ほっとするのだ。

私自身が高所恐怖症に近いからそう思うのかもしれませんがね、あの、高層マンションに住むという人の心持ちがしれない。景色がいいったって、毎日ベランダへ出てゆっくり時間を過ごすということでもないでしょうし、カーテンを引くなりブラインドを下ろすなりしてしまえば、外は見えない。高いところのほうが、空気がきれいとか、車の騒音が届かないとか、そのあたりのメリットはありそうだけれど、地震となればひどく揺れるのだろうし、小心な私なんぞの場合、いざというとき階段で地上へ下りたら、再度上ってくるのに体力を使い果たしそうな住居にはとうてい住めない。かといって、高層マンションの低層階に住むというのも、なんだか矛盾している気がする。まあ、駅前高層マンションというような上等な住宅にはついに住むことがないであろう私が気に病むことではない。ただ、そぞろ歩く街並みは、低層階の建物に囲まれていたほうがなんだか安心、というだけの話である。

武蔵小杉駅から渋谷方面へひと駅、**新丸子駅**へ着く。駅の間隔が非常に短い。その駅にほど近い路地に、一軒の渋い構えの店があった。**「三ちゃん食堂」**と看板にあって、その下、店の引き戸にかかる薄茶の暖簾には、中華料理と書かれている。

実はここも、訪ねてみたかった一軒なのだ。時刻は三時過ぎ。ガラリと戸を引いて、思わずのけぞった。人がいっぱい。そして、みんな、飲んでるじゃあ、ありませんか！

こちとら、昼酒をする人に驚くほどウブじゃございません。というより率先して昼酒したいタイプですから、他人様が何時にどれだけ飲もうが驚くことはないはずなのですが、このお店、なかなか広いんです。ざっと見て、五〇席はくだらない。

そして、すでにして、お客さんがいっぱい入っていらっしゃるんです。で、ざっと見渡しただけですが、食事だけという人は、私の視界には二人しか飛び込んでこなかった。みんな飲んでいる。賑やかだ。煩《うるさ》いくらいの午後三時であります。

店の中央のテーブルに空き席があったので、そこへ座らせてもらう。まずは、ビールと餃子いってみよう。

その間も、きょろきょろ店内を見渡してしまう。なんという店だろう。大箱の居酒屋のメニューと、大衆中華のメニューをほぼフルにカバーしている品ぞろえ。クジラに赤貝、ホッケにコハダ酢など、お父さんたちが喜びそうな渋いひと皿も用意し、加えて、コロッケとかハムエッグとか、天ぷら、メンチ、なんでもござれである。興奮してきます。いろんな人がいる。いかにも地元のお兄さん、お姉さん、お父さん、お母さん。それからスーツ姿もちらほらいる。

私の目の前、ちょうど六人くらい座れるテーブルの対面にいるスーツ姿は、何があったか、けっこうな酔い具合だ。まだ、若く見えるのだが、なんだかこう、ちょっと疲れていて、かえって大人っぽい。最近、若い男性諸君が何人かで連れだって飲んでいるところに鉢合わせると、みんなおとなしく、互いによく気を使いあっているように見受けられる。お喋りに熱心で、酒はあまり進まないからか、彼らは一様に子ども

こちらは食堂。でも昼から飲める食堂。一度覗いたら虜になります

っぽくも見える。

けれど、このとき私の目の前にいた彼は、もうちょっとで三〇歳、というあたりか。まだ、腹も出ていないし、顎なんかシュッとしていて男前なのだが、平日の昼から酔っている。

夜勤明けだろうか。昨今は、さまざまなサービスが二四時間体制になっているから、メンテナンスを引き受けるだけでも従事者は夜勤を強いられる。当然、平日の昼間の休みはもらえるのだろうけれど、なかなか周囲とは時間帯も合わない。ひとりで飲むしかないか、という昼下がりがあるのかもしれない。

若いとはいえ、夜勤明けの酒は回りも速いだろう。だから、酔うのだ。

でも、これが、いい光景に見えるのですよ、人生半世紀を過ぎた私には……。

彼は世の中に出て、一〇年くらいでしょうか。一〇年揉まれりゃ、きっといろいろ経験している。思い出したくもないことの二つや三つある。酒はまだ強くはないが、飲み方はだいぶ、わかってきた。ひとりで飲んで気を楽にする、その程度というものが、わかってきた。そんなところだろうか。

オレもよくひとりで飲んだな……。目の前でしきりにタバコをふかす彼を見ながら、私もポケットからタバコをとりだし、火をつける。酒の追加はレモンサワーだ。

餃子の後を何にするか、実は決めあぐねていた。コロッケかメンチカツと最初は思ったのだが、それを喰ってしまうと好物のもやしそばが入らない。となれば、ハムエッグくらいにしておいて、腹に余裕を残すか……。

オレも若いころ、よく、ひとりで飲んだなあという感傷と、コロッケかハムエッグかの選択における迷いとか、私の頭の中で交互に浮かび、消える。

あっという間に二杯目のレモンサワーに突入するのだが、つまみの追加をまだ悩む。そのうち、目の前の若者に、声をかけたいような気分になってくる。いやいや、そういうことをしてはいけない。実際に、私はその手のことをほぼしないのだけれど、彼がいきなり勘定をしに席を立ったときには、もう一杯どうですか、と声をかけそうになっていたかもしれない。

しかしやはり、声はかけなかった。彼を呼びとめるような気分で上向けた顔を店の姉さんのほうへと向け直して、追加を注文した。

「レモンサワーとね、それから、ハムカツね」

揚げ物かハムエッグかと悩んだ挙句に口をついて出たのは、ハムカツという折衷案なのであった。

餃子もハムカツも、非常にうまい。レモンサワーもくいくいと入る。賑やかすぎるかに思えた店の喧騒が心地よくなっている。それは昼酒が効いてきた証拠。まだ日暮れ前だというのに、いい気分になってきた合図である。

コロッケかハムエッグかと悩んで頼んだハムカツ。これがうまい

二三　釣りを楽しむ親子を見ながら缶ビール飲んで昼寝す

ゴールデンウイークに入り、都心の人々が出払うころを見計らって出かけたのは、**新丸子駅**。前回、最高の食堂でなんともおいしい昼酒を楽しんだから、この駅から再スタートして、またまた多摩川を渡ろうと考えた。

駅から出て、渋谷方面へ向かって線路の右側へと向かうと広い道に出る。地図によれば、これが**中原街道**。この道を行けば川を渡ることができるはずだ。向こう岸へ着いたら、また川沿いにのんびり歩くつもりだから、中原街道のセブン‐イレブンでひとまずの買い出しをする。

まずは、ビール。それから水。それと、少しばかりのつまみ。これで万全。今日はけっこう暑い。私は半袖シャツ姿である。デイパックには、夕方になって冷えたときのための、アウトドア用のレインコートが丸めて突っ込んである。薄くて軽く、風除けになるから、肌寒いときでもこれがあれば安心という一着である。

さあ、行こう。足取りも軽く歩き始めるとまもなく、大きな橋に出た。これが**丸子橋**。渡りながら左手を見ると、新丸子駅から多摩川駅へ向かう東急線が走っている。右手の眼下は、だだっ広い河川敷。野球のグラウンドになっていて少年球児たちが球を追いかける。

まだ黄色い声が、よく通る。川の流れに近いところには、葉を茂らせた木立があって、その木陰にシートを敷いてお母さんたちが息子たちの元気な姿を眺めたり、お喋りに興じていたりする。かと、思うと、橋の上をヘロヘロに疲れた選手が走ってきたりする。これも野球のユニフォーム姿だが、さて、高校生だろうか。おそらくは、走り込み途中の投手と思われる。手足が長く、すらりとしている。

けれど、走り込みは好きじゃないのか。同じようにランニングしている二人とすれ違ったが、いずれも、ヘロヘロだった。

子供たちだって、あんなに潑剌としているんだぜ。なんだ、お前たちは！　という思いがふと頭をもたげるけれど、この強い日差しの中、五キロ、一〇キロを走るとなれば、なかなかたいへんだろうなと同情もする。あのヘロヘロぶりからすると日頃走り慣れていない。この走り込みは、苦行以外の何物でもないだろう。

橋を渡り切るとそこは、大田区田園調布なのであった。この街、足を踏み入れた覚えがない。今の多摩川駅が多摩川園駅であった昔、沿線の企業――我が営業マン時代の先輩の取引先――までお使いに行ったとき、当時の目蒲線に乗ったまま通り過ぎたことがあるくらいだ。けれど、今、立っているのは田園調布なのである。超高級住宅街という知識しかないが、橋の右手に広がるのは、のんびりとした多摩川の河原の光景だ。いいところじゃないの……。

私はさっそく、川岸へ下りて、多摩川左岸を川下へと向かいます。

このあたりまで来ると、いくつもの小さな河川の水を集めた結果なのか、調布あたりに比べて水量も多いような気がする。川岸には草地が広がり、川に接する岸の、草地の先にコンクリートで固めた心ばかりの護岸があり、ここが斜面になっているので、子どもでも、水際まで安心して近づける。

父と子が、竿を出している。子どもは四歳くらいの男の子だ。頭を丸めていて、とてもかわいい。

二人が手にしているのは、リール付きの竿ではない。のべ竿で、竿の先端の少し先に、赤い玉ウキが見える。小さな子に釣りを教えるなら、ここから始めるのが一番だ。なかなか来ないアタリをじっと待つうち驚くほどの時間が経っていた、ということに

とっても長閑ですが、ここは大田区。川沿いはどこも気分がいいや

なれば、その子の釣りへの関心がとても高いことがわかる。

水面に反射する陽光に顔をしかめながらもウキを見つめる少年と、その横で、同じような顔をして突っ立つお父さんと。横から眺めていて、なんとも羨ましい光景だと思う。子どもは嬉しいだろうし、お父さんにとっても、子どもに釣りを教える休日は、子が成長した後では望むべくもない。今が、いい時期なんだよなあ、と子育てを終了した昨春から脱力状態が続く私は思うのだ。

その父子の奥さんと弟だろうか。

木陰に敷いたシートに座る後ろ姿が目に入った。こちらもまた、のんびりとして、穏やかで、なんとも平和で、いい眺めなのである。

さあ、私もここいらで、さきほど買ったビールを抜きたい。

リュックをしょってカメラを首から下げたオジサンが近くに座って母子を驚かせてはいけない。だから私は、彼らから少し離れた日向に、駅で買ったスポーツ新聞の芸能欄を抜きだして敷き、そこによっこらしょっと腰を下ろした。

取り出すのは、プレミアムモルツ・サマースペシャルとセブン‐イレブンの塩揚げ餅、そして、ちょい飲み川下りに不可欠のポカリスエットである。

まずはビールをきゅーっと、飲む。喉を鳴らす心持ちで、飲む。このあたり、わざ

ビールと水と揚げ餅は歩き酒の必需品。川原に寝そべって楽しむ

とらしいほうが、うまい。

そして、揚げ餅。セブン-イレブンのプライベートブランドなのですが、これが、イケルのです。

その昔、揚げ餅は冬のおやつだった。毎年の正月過ぎ、乾いてヒビの入った鏡餅をひと口サイズに手で割って、それを油で揚げるのが、我が家のばあちゃんの仕事だった。

仕事というよりこの人の場合は自分の好きなものは好きなだけつくる、という感じだった。お節の栗きんとんなども、蒸かした芋の裏濾しに時間をかけた。きんとんはお前がいちばん食べるのだからと、よく手伝いを命じられたものだけれど、この正月を過ぎると鏡餅砕きも手伝うことになる。ばあちゃんから同じ理屈、つまり、お前がいちばん食べるのだから手伝うべし、ということだった。

揚げた餅はよく油を切ってから、海苔やお菓子の缶で保存した。そして、おやつに、これをつまむ。我が家は塩辛いものが好きだったので、漬物もたいてい小皿に垂らした醤油につけて食べたのだけれど、これと同じ要領で、揚げ餅を齧るのである。

揚げ餅はかりっと揚がっていて表面が硬いから、小皿の醤油につけても口へ運ぶ間に醤油がたれたりする。それを左手で受け止めながら、右手で次々につまみ、口へ運ぶ。

物を食べるときはもりもりと黙ってしっかり食べる人だったけれど、揚げ餅のときは、バリバリと音をたてて、決して柔らかくない餅を嚙み砕いた。自宅でつくる揚げ餅にはどうしても芯のような硬い部分が残って、うっかり嚙み砕こうとすると健康な歯の持ち主でも容易なことではなかった。しかし、そんなことに構うばあちゃんではなかった。なにしろ揚げ餅が好きだから、総入れ歯であることも忘れて、ガチッとやる。やおら、茶をずびずびとすすり、ひとしきり満足すると、ほうっと息をついて、缶に蓋をした。

餅は年がら年中あるものではなかったし、干からびた鏡餅だからこそ揚げ餅にしたのであって、それはもう、正月だけの楽しみと言ってもいいものだったから、一度に食べる量が度を超すことを、ばあちゃんは許さぬのであった。

後年、私が家で酒を飲むようになると、揚げ餅を見つければきまってビールのつまみにしたのだが、酒を飲まないばあちゃんは、ビールをぐびぐび飲みながら揚げ餅に次々に手を出す私を恨めしそうに眺めたものである。

セブン‐イレブンの揚げ餅は塩味である。醬油につけて食べてみたいと思いもするが、この軽い塩気もうまい。多摩川の河原で、ひとかけの揚げ餅から失われし時を求めてしばしの回想に耽った私は、五月の日差しに額を焼かれながら、早くも眠たくなってくる。

急に風が強くなり、近くのシートがめくれあがる。川面にさざ波がより、振りだした竿先の仕掛けが思ったほど飛んで行かない。

ふと見ると、私が寝そべった隣のテントの中で読書をしていた女性が本から目を離して、外の様子を窺った。強い風といってもテントが飛ばされるような風ではない。そう判断したのか、女性はまた本へ戻った。四人くらいで十分で寝られそうなテントに一人。中に置いた折り畳みの椅子に腰かけてビールの一本も飲むのだろうか。

うまい休日の過ごし方をする人が多い。五月の連休に、人でごった返す場所に行くくらいなら、河原で読書と昼寝。これに限る。子どもを遊ばせるにしたって、ここなら安全。草の感触、川の景色、初夏の風と日差しを存分に味わわせることができる。

カネはかからない。うん、これでいいのだ。

私は深く納得して、少しばかりウトウトしようと目を閉じた。

二四 「蒲田」へ電車移動して ホッピーの飲める居酒屋に憩う

ものの数分、うつらうつらしたところで、寒さを感じて目を覚ました。

風の中で寝てしまうと、半袖一枚ではやはりちょっと涼しかったようだ。まだ少し残っていたビールを飲みほして立ち上がり、新聞を畳んでリュックの袖ポケットに押しこんだ。

川下へしばらく行くと、新幹線の鉄橋をくぐる。品川を出た下り新幹線の車窓の景色が広くなる、あの瞬間の河原がここなのだ。

鉄橋の先には、ゴルフの練習場があった。河川敷が広いうえ、高級住宅街に近いという事情もあるのか。レッスンプロもちゃんといるみたいだし、駐車場も広々としているので、使い勝手のいい練習場なのではないだろうか。いわゆるサロン風の休憩室などはないにしても、どれだけひっぱたいても奥のネットに届く心配がないほどに広い練習場だから、長い距離を打つ練習には適しているのかもしれない。

まあ、私などは若いころにちょっと遊んだことがある程度でゴルフのなんたるかをまるで知らないから、練習場の良し悪しも、実はわからない。ただ、五月の連休にゴルフシャツ姿で河原の練習場で汗を流すのは気持ちがいいだろうなと思うばかりだ。

対岸の川崎には、高層ビルがそびえたつ。こうして見ると、川崎サイドが現代的都市で、東京サイドが長閑な住宅街である。そんなことを思うと、古き面影を残していそうに思える東京サイド、つまり、多摩っ子の私にほとんど未知の土地といえる多摩川線沿線を散策してみたくなってくる。

さて、どうしようか。見はるかす川下は、延々と河原の草地がつづくばかりであり、心づもりとしては、このずっと先、大田区の六郷土手あたりからまたまた川崎市へと戻りたい。となると、しばらく河原を離れてもいいかな、という気になってくるのだ。

土手には草が生えていて、小さな紫色の花弁を四枚ほどつけた花が斜面を薄く染めている。土手の上のマンションのベランダから、この花の斜面は見えるだろうか。もし見えるとしたら、花の斜面のほかに広い空と空を映した青い川という、相当な眺めである。椅子一脚あれば、日暮れまでの一、二時間、ちょっと飲みながら、最高の時間を過ごせるなと思うと、なんだかとても羨ましい。

住む住居の性能云々より、私の場合、家の周辺に関心が高いのかもしれない。もう二〇年近く昔になるか。カメラ一台を手に、佃島《つくだじま》を歩いたことがあった。石川島の人足寄場跡にある灯台や、名物の佃煮屋さんなどを訪ねたとき、夕暮れ時になって、ふと細い路地に入り込むと、老人が折り畳み椅子に座っていた。自宅の引き戸の前に椅子を出し、そこで、缶酎ハイを飲んでいる。目線の先は、暮れてゆく西の空だった。その方向には、嫌みな高層マンションが建っていないから、空を眺めることができるのだ。

変わり続ける佃島で、今も変わらぬ、車も入れぬ路地に座り、人の手では本来変えようもない西の空を眺めあげる。私はそのとき、老人に思わず声をかけ、老人はまた、いつでも遊びに来いよと、見知らぬ私にやさしい言葉を返したのだった。

生きていらっしゃったら、もう九〇代か……。あの爺さんのことだから、生きてるかもしれない……。

私はふと、温かい気持ちになった。そして、土手の草地を眺めるともなく眺めると、草の深くなったたまっただ中に、若い女性がしゃがみ込んでいるのを発見し、ちょっと驚いた。

が、すぐに、また、気持ちが和んだ。女性は、シロツメクサや、アザミに似た花を摘んでは、レイを編んでいるようなのだ。

こういうことの好きな女の子がいるんだな、まだ。と思うと、オジサンはなんだか妙に恥ずかしいような嬉しいような気分になって、この岸辺の散歩がことのほか楽しいものに思えてくるのだ。

草地から土手に上がる。土手下のグラウンドでは、少年野球チームが、ピッチングマシンを二台も使ってシステマティックに打撃練習をしている。効率的かもしれないが、守備に回る子供たちから声は出ていない。ただ、順番に打つだけの練習。私には、その効果がよくわからない。目を上方に転じるとまた、高層ビルが見える。さきほどは川崎とだけ認識したけれど、方角からして、あれが武蔵小杉の高層マンションだと改めて想像がつく。遠くから見ると、ニョキニョキと空に突き出していて、そこだけが、なにか特別な土地であることがわかる。実際のところ、鉄道路線と駅の配置が都心各所や郊外との交通に便利であるという、わりに単純な特別さであることを思うと、なんだか不思議である。

さて、今、私の立つこの土手は、鉄道の駅としてはどこが近いのか。事前に眺めてきた地図を記憶の中から呼び起こすと、もう少し先まで行ってから川沿いを離れると下丸子あたりのはずだが、ひとまず、当てずっぽうに歩いてみようと思う。

河岸の高校の前を抜ける前後で、土手の上の道に、例の標識を見つけた。海から一一キロ——。はあ、ずいぶんとやってきましたな。その気になれば、あと半日も歩けば、河口に着く計算だ。

私は適当なところで左へ折れて、小さな子どもを連れた母親たちが集う公園のそばを抜け、だらだらと、静かな住宅街を歩いていく。すると思っていたとおり、下丸子駅と思われる駅近くの踏切に出た。

ちょうど遮断機が下りてきて、やってきた電車を見ると、蒲田行きである。では、蒲田まで、電車に乗ろうか。ふとそんな気が起きて、私は踏切を渡り、**下丸子駅**へと回り込んだ。

下丸子駅の駅前には、たいそう魅力的な古びた食堂がある。駅の真前ということと、年季の入った外観だけで、ぜひともここでビールを一本、つまみは、カツ定食のカツのみ、みたいなことをやりたいのだけれど、なんとも残念なことに準備中とある。連休中のことゆえ、お休みなのかもしれないし、ランチと夜営業の間の休憩かもしれない。

しかたなく周囲をぶらついてみて、立ち飲み、なんて看板を見つけたりもしたのだけれど、やはり、店は開いてない。

では、**下丸子**を離れてしまおう。ついでに多摩川からも少しばかり離れることになるが、このまま東急多摩川線で蒲田に出て、その先は、京急蒲田まで歩き、この川下りでまだ利用していない京急を使って、蒲田から六郷土手へ出ようと目論んだ。

東急の蒲田は駅のJR蒲田の西口にあり、京急の蒲田までは、東口からしばらく歩く。昔、蒲田には、父が住んだことがある。三〇年も前のことになるか。私が小学生のころに家を出ている人で、蒲田在住時代は、中年の一人者だったが、私はごくたまに、そんな父に会いに蒲田に来ていた。

だから、土地鑑がある。それと、少しばかりの感傷がある。家族も仕事も、うまくいかなかった父と会うことは、あまり楽なことではなかったので、少しの感傷が、この街に来ると芽生えるのだ。

見慣れた、それでも、だいぶ久しぶりの商店街を通り抜けると京急蒲田の駅前へ出た。なんだかずいぶんな様変わりをしたような気がする。私が、それだけ長い間ここに足を運ばなかったということなのか。

飲み屋もチェーン店ばかりで、さて、どこへ入ったらいいか見当がつかない。参ったなあとため息をつきながらロータリーに出て見渡すと、ホッピーの幟を見つけて元気を得た。

「飲み処 末廣」さん。小さいが、二階もあるようです。一階はテーブル席が四つだ

下丸子駅付近の踏切。ここから東急線で蒲田へ向かうことにします

ったか。ちょうど、ひとつが開いていたので、そこに座り、さっそくホッピーを頼む。おつまみは、ポテトサラダ。これが、とても実直というか、おいしくて、ボリュームがあって、ポテサラの下からキャベツが出てきて、なんかこう、飲兵衛の身体にも気遣いが行きとどくという感じの一品なのだ。

女将さんに聞くと、こちらのお店は八年目だそうだが、西口にあるスナックの「ニュー末廣」さんが本店で、こちらはもう、三〇年ほども営業しているという。

このあたりも、ずいぶん変わりましたよ。そんな話を伺いなら、ホッピーの中身を二杯、三杯。新丸子から日差しの中を歩いてきたので、身体も少し火照り気味なのだけれど、それがかえって、気持ちいい。

連れ合いでもいれば、長居とまでいかなくても、もう少しあれこれ頼み、喋って酒を飲みたいところだが、ひとりだと、こんなとき、ちょっと間が持てない。顔見知りのいない初めての店で、それでも、ゆっくりとした気分になれるのは、末廣さんの女将さんの、イチゲンも寛がせるお人柄のせいだろうと思う。

ＪＲから京急まで歩きながら、さてどこで飲もうかと暗澹としていたのが嘘のように、私はおいしいホッピーをくいくいと飲んだ。

京急の蒲田駅前で見つけたのは、ホッピーの幟と居酒屋の暖簾でした

二五　「六郷土手」はモツ焼きと缶チューハイと野球見物

東急多摩川線に乗ってしまったばっかりに川沿いを少し離れて蒲田へたどり着いてしまった翌々日。

今度は**京急蒲田駅**を起点としました。ここから、東急線へと戻るわけではなく、**京急**で川崎方面へひと駅、**雑色**《ぞうしき》という駅から歩くことにしました。

頭の中の地図をめくれば、雑色駅から西へ向かうと、少しばかり距離はあるが多摩川に出る。そこから左岸を下ると西六郷。土手を巡って六郷土手駅あたりまで行けば、川崎に渡る橋が見えるはずだ。

雑色商店街を西へ向かう。この街にはかつて、親しい先輩が住んだ。その引っ越しの手伝いを、私はしたのだが、引っ越しの当日、あらかた荷物を運びこんだ後で、先輩は「そば喰ってってくれよ」と、手伝った私と友人を蕎麦屋へ誘った。そのとき、けっこうな強さの揺れが、かなり長く続いた。それが、中越地震。二〇〇四年の秋だから、もう一二年も前のことになる。

街の様子は、そのときと比べると大きく変わった。私が知っているのは地上駅のころで、駅のホームのすぐ横に、踏切があった。梅屋敷、京急蒲田、雑色界隈の駅前の光景というのが私はけっこう好きだったのだが、雑色においても、駅は高架になって、昔の面影はない。

けれども、街並みには昔の名残が感じられる。

西へ向けて延々とつづく商店街には、ひとり住まいの人に向けた商品を売る小さな電気屋さんがある。ひとり住まいの方向けの商品というのはたとえば小さなテレビか少量が炊けるコンパクトな炊飯器など。そういったものを置いている。中には、中古の電子レンジなんかを扱う店も残っているようである。

気がつくと、一軒の店から煙がモクモクと上がっている。いい匂いもする。モツを焼く匂いである。あらら？　時刻はまだ二時半過ぎであるぞ。ちょっと早くないか。

店へ近付いて、思わず笑みがこぼれましたね。やきとり、という看板を掲げた間口二間ほどの店の入口にはやきとりの大皿が並び、そのすぐ後ろでお兄さんが焼き台の前で汗を流している。お国はわからないが外国の方で、日本語がとてもうまい。

「はい、なんにしましょう？」

と声をかけられて、

「タンとつくねを塩、軟骨をタレ、全部二本っつね！」

思わず即答しているのだった。

やきとり、というけれど、私が頼んだネタはやきとん、である。これで、いい。幼いころから馴染んだのはやきとんだからだ。店の兄さんは、タレ焼きと塩焼を別々の紙袋に入れ、それをさらにビニール袋に入れてくれた。

いい展開だ。散歩の最初からこういうすばらしい店に遭遇するのは幸運以外の何物でもない。足取りも軽くなろうというもの。早く河原へたどり着いてこのやきとんの包みを広げたい。ああ、それよりもまず、どこかで酒を仕入れなければ……。

商店街もここまでかというところに大きな踏切があった。この幅から見てＪＲ線だろう。東海道線と横須賀線がともに走る区間。かなりの幅がある。

その先にコンビニがあったので、ここで酒を購入した。準備は万端。すぐにでも川沿いへ出たいところだが、ＪＲの線路脇を歩けるのなら、ともかく南へ向かえばやはり多摩川沿いの広い景色が見えてくるはず。では、このまま線路沿いを歩いてみようか……。

線路を左に見ながら進む。ほどなくして、自動車も通れない細い路地になってしまう。その路地に沿って住宅が軒を連ねているのだが、そこに花のアーケードを見つけた。赤いバラが右側の住宅の前から枝を伸ばして路地を覆うようにしている。線路側には葉を茂らせた木が立っていて、バラの花と木の緑がつながる塩梅で、ちょうど、路地にかかる門のように見えるのだ。

植木や草花の好きなお宅なのだろう。バラの持ち主の家には、地面にいくつもの鉢植えもあって花を競う。そして路地の向かいの線路の柵もうまく利用して棚を据え付けたり鉢をぶら下げたりしている。なにしろ五月の天気のいい日で、降り注ぐ陽光に、花弁と木々の葉が輝くばかりだから、このアーケードをくぐって楽しくないわけはない。付近に座りこんでさっき買ったサワー系の一本をグビグビっとやりたい衝動に駆られるのだが、他人様の玄関先で、昼酒は最高だねえ、というわけにもいくまい。

私は先を急ぐことにした。次に出くわした大きな踏切で線路の左側へ出ると、しばらくで、京急の**六郷土手駅**に着いてしまった。

ということは、この駅の裏に回れば河川敷である。

裏手へとふらふら歩いていくと、土手の下の木立に隠れるようにして、神社があった。止め天神というらしい。正式には北野天神で、この天神様が、徳川八代将軍吉宗があわや落馬しかかったときにお守りしたとの言い伝えが広まり、落馬止め天神と呼ばれるようになった。近隣の人々は、落馬の二文字を端折って「止め天神」と呼び慣わしたという。小さいけれど、風情のある、いい神社だ。

さて、土手に上がると、野球場が見えた。六郷土手のグラウンドだ。このあたりで、私は小学生のとき、何試合かしたことがある。いずれも真夏の大会で、炎天下の河川敷での試合はかなりきつかったけれど、日頃は住宅地近くの運動公園か学校の校庭を借りて試合会場とすることが多かったから、バックネットのついた専用の野球場で試合ができることは、たいへん嬉しかった。

京急の鉄橋をくぐって上流側へ二〇〇メートルも歩くと、ああ、ここが、あのときの試合会場ではないかと思われる場所に出た。

ピッチャーマウンドをつくっていない平坦な野球場だから、少年野球にも、大人の草野球にも使える。事実、練習しているのは中学生と小学生の混成チームのようである。

軟式のチームだ。これならば、プレイしている近くの草の上でだらだら飲んでいて打球が飛んできても、硬式ボールほどの心配はない。

私は、二面のグラウンドに挟まれたファウルグラウンドの草地に腰を下ろし、足を

川を目指して歩く線路沿いの路地で美しい花々が迎えてくれました

伸ばした。地べたに座っただけで草の匂いが鼻をつく。プシュッと開けるのは、ファミリーマートコレクションのレモンチューハイ五〇〇ミリリットル缶であります。

これをまず、きゅーっと、いただく。

「ああ、うめえ!」

決して小さくない声が出ましたが、二〇メートルほど先でノックを受けている左翼手の耳には届かなかったようである。よかった。

やきとんも、いただきます。昼を抜いたままでもうすぐ四時という時刻ですから、腹も減っているのです。最初はタン塩、それからつくね。たてつづけに二本食べて、また、チューハイをきゅーっといただく。

「はあ、うめえなあ!」

今度は聞こえたかもしれないが、左翼手はこちらを見ることはなかった。というのも、このチーム、かなり引き締まった練習をしていて、とてもではないが、他所見《よそみ》をする暇は与えられていないようなのだ。

ノックのテンポがすばらしく、内外野、右翼左翼に打ち分けて、ランナーも配置した実践形式。実に締まった守備練習をしているのだ。

技量が高い。この子らはけっこう強いチームだなとひと目でわかったのは、送球の

やきとんの串とチューハイを楽しみながら河川敷の野球を堪能する

ミスが本当に少ないからだ。ボールを内野に返すときも、内野が中継プレイをするときも、投げたボールがワンバウンドしたり、頭の上に逸れたりしない。もっと簡単に言うと、キャッチボールが実にちゃんとできているのだ。

だから練習自体がダレない。ノックがテンポよく進む。やっている選手たちの動きにも、楽しげな感じさえある。よく、声が出ている。

ああ、オジサンも野球をやりたい。半ば本気で思うのは、彼らくらいの野球を、自分も少年時代にやれていたのではないかと、やや自惚《うぬぼ》れ気味に思い返すからだ。自惚れだとわかっている。けれど、この自惚れがまた、酒をおいしく感じさせてくれる。

ショートの守備位置に入っていたチーム一の小柄な選手が、ノックのゴロを続けて二度前へこぼした。

「最後の一歩が出ない。両足揃えて待つんじゃなくて左足を踏み出して攻めて取るんだ」

コーチが喋るときは、他の選手も黙るから、レフトの横にいる私にもその声が聞こえた。

一歩前で、攻めて取る……。小学生のおわりごろだったか、兄の同級生から、これとまったく同じことを教わったことがある。
私は肘枕になって、空いた左手でチューハイを口元へ運んだ。
うまいねえ。なんとも、うまい酒だ。

二六　いよいよ「川崎」。鮨屋で絶品貝焼きと冷酒でお祝い

六郷土手の野球場に、どれくらい寝そべっていただろう。ずいぶん長くいたような気もするが、その間ずっと目でボールを追いかけていたから、せいぜい小一時間か。打撃練習も見たかったのだが、一時間ほどみっちりとシートノックを受けた後、選手たちはベンチに引き揚げ、やがて投手数人は、ダウンのキャッチボールを始めた。今度来るときは、試合を見たい。このグラウンドなら、今も公式戦をやっているだろうから、なんなら事前に調べてきてもいいと思った。

立ち上がって草を払う。スポーツ新聞の用意がなく、芝の上に直に座っていたから、ズボンの尻のあたり、湿った感じになっている。まあ、歩いているうち、それも乾くだろう。

私は土手に上がり、少年たちに別れの一瞥を投げ、グラウンド管理事務所の入口脇

にあった灰皿の前で一服してから、六郷橋を渡ることにした。

橋の上から見下ろすと、広い河川敷のグラウンドのその先にも灌木の生い茂った草地があり、流れる水はなかなか見えてこない。西に傾きかけた日を反射する水面が見えたのは橋の中央を過ぎたあたりで、橋脚の下で釣りを楽しむ人の姿もあった。

橋を通るのは**第一京浜国道**。この交通量の多い道を、橋を渡り切ったところで、左手へ横切り、川下側の土手に出た。

「たま川」と書かれた、国土交通省の標識が立っていて、その手前には、さらにまたひとつ、立っていた。これは川崎市による案内板であるが、かなり傷みがきている。見ると、「史跡東海道川崎宿」とあって、行を変え、書体も小さくして、「**六郷の渡し**」とあった。

案内によれば、かつて六郷川と呼ばれた多摩川の下流は東海道交通の障害となっていて、それを解消すべく六郷橋を架けたのが徳川家康。ときに一六〇〇年といいますから、関ヶ原の戦いの年だ。

戦と土木を同時にやるんですから、いつの時代も権力者というものは人使いが荒いですな。お仕えの人々、さぞや忙しかったろうなと思うわけだが、宮仕えの経験もほとんどない私のことだから、この感想もかなり筋が違っている気がします。で、橋ですが、多摩川というのはよほどの暴れ川だったんでしょう。修繕や架けなおしをしたものの、元禄時代初年の洪水で流されてからは、徳川幕府も修復を断念したらしい。

驚いたことに、明治初年までの一〇〇年余、橋を架けずに渡し船を運航していたという。渡し船の運航は当初は江戸、後に川崎宿が担い、運行賃収入が川崎宿を潤わせたとのこと。東海道五十三次、品川の次の宿場ですから、まだ、江戸を出て日も浅い旅人の路銀も豊かで、さぞや賑わったのではないかなどと、古今亭志ん朝演じます「品川心中」など思い返しながら想像する。

その想像の世界に比べて目の当たりにしている第一京浜国道というのはなんとも風情に欠けるのだけれど、川下へ目を転じれば川幅はさらに広く、水は空を映して薄く青い。川岸に吹く風は、河川敷の野球場でたっぷり日差しを浴びてやや火照り気味の腕や額に心地いい。もうしばらく歩いたあたりで、またご機嫌な飲み屋にぶち当たらないものか。今から楽しみになって川沿いを歩くのだ。

右手に、線路が見えてくる。河口へ向かうさして長くない区間にも、鉄道路線がある。**京急の大師線**。駅数にして七駅ばかりの短区間だが、川崎駅を出てしばらくする

六郷橋の夕暮れ。橋げたの下では、釣りに興じる人たちの姿もある

と、港町駅の手前あたりで、線路は川の近くを通る。それで、土手を歩く私の視界にも、線路が見えたというわけなのだ。

この電車に乗ると、有名な川崎大師を過ぎて、いよいよ、河口のすぐ近くまでたどり着ける。

けれど、やはり、どんなところなのか、歩いてみたい。それで電車には乗らず、ただ歩いて港町駅の前を通り過ぎてみた。

あららら－。なんもないじゃないの。ちょいと喉が渇いているから、中華食堂でいいのだ。ビールと餃子。あるいはもやしそば。あるいはまた、つまみメンマでビールを一本、その後は固焼きそばでレモンサワーとかホッピーとか。そんな流れを知らず知らずのうちに期待していたのだけれど、どうにも、飲食店が集結する場所があるように思えないのだ。

それでも、しばらく行ったところの、広い道路と接するあたりに一軒の店を見つけた。ラーメン、餃子、と看板にある。これだ、これでいい。

ところが、やってない。営業時間のお知らせが店の外に貼ってある。それを見ると日曜、祝日がお休みで、この日は、ゴールデンウイーク最後の土曜日であるから、暦通りの営業ならやっているはずなのだが、ああ、営業時間そのものがランチタイムのみなのであった。

夜は、やらないのか……。見渡したところ近所には企業やマンションもあるし、第一、川崎競馬場が近いのだから、競馬帰りに寄る人などもアテにできそうな気がするのだが、こちらのお店の方針はそのあたりを狙っていない。つまり、中華屋さんでちょっと飲みたい私みたいなのは要らないということなのか。

まあ、そんなこともないのでしょう。なにか理由があってのこととは思うのですが、こちらはとにかくもう、飲みたくてしかたがないものだから、年甲斐もなく拗ねた感じになってしまった。

さて、どうしようか。このままひと駅分くらい歩くか。いや、そろそろ、やはり、酒を飲みたい。と、いうことは、川崎駅へ戻って、あの賑やかな界隈で一杯やろうか。迷うことはなかった。

たどり着いた広い道は、国道四〇九号・府中街道。これまでにもたびたび歩いてきた道であり、このまま多摩川河口を突っ切ると、東京湾アクアラインになって千葉県は木更津市までつながっているという、なかなかどうして、すごい道なのだ。それゆえに、交通量も多いし、トラックなどもガンガン走るから、ほろ酔いの散歩者には恐い道でもある。

その道を戻り、川崎競馬場の前を抜け、先刻六郷橋を渡るときに歩いた第一京浜を渡ってからは左斜め方向へと流れるように歩いていくと、京急の川崎駅近くへと迷うことなく到達する。このあたり、競馬帰りのコースとして、これといった目印を決めなくても歩けるようになっている。

京急川崎駅近くで、小さな鮨屋に入った。「**祭りずし**」さん。ここが本店らしいが、初めて入る。連休最後の土曜の夕刻、入れないかと思ったが、こんなときひとり客は幸運に恵まれる。

カウンターの奥のほうに一席つくってもらい、さっそくビール。前に立った職人さんが目配りのいい人で、ネタ箱を眺める私にすかさず、鰹、いかがでしょう、と声をかけた。

さっそくいただくと、これが、いい。

「今日の、いいと思うんですよ。先週あたり、まだ脂がのらなかったんですが」

へえ、そんなに違うものですか、と問えば、

「ひと潮で変わるっていいますもんね」

釣り人なんかがよく使いますね。潮の周期の一回分ということでしょうか。だとすると約半月と考えればいいのか。それくらいの違いで、この時期、鰹の脂ののり具合

飛び込みで入った鮨屋さんで、おいしく楽しいひとときを過ごす

に差が出るということなのだ。

写真撮っていいですか？　声をかけて、さっそく一枚取らせてもらう。奥多摩から河口まで、多摩川沿いに下りながら酒を飲むという酔狂をしているものですと言えば、「じゃ、ほかにも全国、いろいろ。いいですねえ、うまいものたくさん食べられて」

間髪入れずの合いの手が気持ちいい。生ビールをするりと飲みほして、さて、日本酒にしよう。「吉野川」、「菊水」、「八海山」といった新潟の銘酒がある。いずれも好きな酒だから、迷うことはない。「吉野川」からもらい、ホッキ貝の出汁焼きというのを頼む。

これは切った貝の身を上下両方の殻に入れ、だし汁を加えて焼いたもの。貝の吸い物というか潮汁というか、それと、いわゆる貝焼きを一度に楽しめるような一品で、酒の肴にはとても嬉しいものだった。

「菊水」にかえて、するすると飲む。

握りは、コハダとアジ。一貫ずつ頼めるのも、酒飲みにはありがたい。「菊水」お代わり。カウンターでご一緒したお客さんと、しばし競馬のお話。翌日のHNKマイルCについて。

私の好きな戸崎圭太騎手が乗るのが、イモータルという一頭。これ、不滅、という意味だそうですが、この一頭について、相席させていただいたお客さんも、推奨された。

気分がいい。勝てそうな気がする。そこで、「吉野川」に戻ってもう一杯注文。マグロの赤身と穴子を腹におさめたところで、お茶にしてもらった。カウンターだけの小ぶりな店で、ふらりと気まぐれで入っただけだったが、いい酒になりました。今後、川崎競馬観戦の帰りには、ちょいちょい寄らせてもらえたらいいなと思いながら、店を出たのです。

二七　日暮れの多摩川河口で、ウイスキーでひとり乾杯する

飲みながらの多摩川下りも残すところあとわずかとなりました。

京急大師線港町駅付近まで行きついた後は、同じ路線の脇を走る道をたどって、まずは川崎大師を目指します。このあたり、地図によると、川沿いは大きなマンションのほかに大企業の工場などがあるようなのだが、広々とした川の景色は六郷橋から港町へと土手を歩く間にも存分に眺めたから、ここからしばらくは、街中の道をたどります。

先日、残念ながら入ることのできなかった中華のお店の前から、国道四〇九号ではなく細いほうの道へ入ります。ここをまっすぐ行ったところ、イトーヨーカドーが見えてきて、川沿いの大規模な区画こそ大型マンションや工場などが連なるようだが、川岸を離れたところには住宅街が広がっていることがわかる。道はやがて鈴木町駅の

前を過ぎ、再び四〇九号と合流して、川崎大師駅の前へ出た。

元日に、川崎大師へ初詣に行くと家人に告げて家を出て、実は川崎競馬で終日遊んだことはあるけれど、生まれてこの方、お大師様にお参りをしたことはない。弘法大師をダシにして元日早々ギャンブル場へ向かうとは我ながら太え根性だと思う。だからこのたびは、お参りすることにいたします。

表参道厄除け門をくぐって進む。両サイドに土産物屋や飲食店も数々あるのだが、どこも、閑散とした印象を与えるのは五月の連休明けの平日のことだからだろう。午後の表参道は行きかう人もまばらである。

参道から右へ矢印が出ていて、そちらが大師様のようである。右折すると、ここが仲見世、行く先に、山門の瓦が見える。

通りの両側の店から次々に声がかかる。みなさん、飴を食べてって、という。咳止めの飴だというが、ほかには久寿餅もあるようだ。お声がかかればありがたく頂戴したいところだし、土産のひとつも買いたいところだが、こちらは門前の蕎麦でビールなどいかがだろうと早くも頭の中を飲みモードにしているものだから、飴と餅で心が揺れない。気持ちが動かない。

それで素通りして山門をくぐり、お寺へ参ることとした。

この寺の起源は平安時代にまで遡ることができるが、厄除けの大師様としての広い信仰を集めたのは江戸時代、徳川一一代将軍家斉のころ以降であるらしい。正月の三が日だけでも三百万人もの参拝者が訪れるという。

男の厄は中年以降は、四二の後は六一歳。私は五三歳になったばかりだから、ちょうどこの二回の厄年の間という感じなのだけれど、生活している感覚からすると、この一〇年で見ても、そうそう大きな災厄には見舞われていない。さまざまな形で抱えきれぬ災厄に見舞われる人が少なくない中で、これは稀有なことであり幸運なことであると、昨今になってつくづく思う。だから、柄にもないが、わりと真面目に参拝するのであった。

さて、飲みたいな。と思って振り返れば山門の脇に蕎麦屋がある。けっこうな構えの大きな店で、営業中ではあるらしい。けれど、これも時期と曜日と時刻の関係か。賑わう時間帯でないのはゆっくりするのに好適ではあるが、どうも閑散としすぎている感もあって、気乗りしない。となれば、この先、多摩川河口まで歩くとしてどの程度の時間がかかるか見当がつかないことでもあるし、ここは、ひとまずの一杯を我慢して先へ行くべきである。

このような判断のもと、仲見世を戻り、京急川崎大師駅とは反対側へと道を進み、

GW開けの川崎大師の参道は人もまばら。雨もぱらついてきました

商店街を抜けていく。雨がぱらついてきて、途中のコンビニに寄り、傘を買うが、すぐに差さなければ歩けぬというわけでもない。

このまま東へ向けて歩いてもしかたがない。進路を左にとって川沿いと思われる方向へ向かうと、東門前駅の近くでみたび国道四〇九号に合流した。東門前駅ということは、河口もだいぶ近くなっている。大師のジャンクションの先で左折、産業道路の東京方面へ向かって左側の歩行者道を歩く。産業道路沿いを歩く私の頭上には首都高横羽線の高架がかぶさっており、交通量は多く、騒音もかなりのものだ。早く、土手に出たい。

大師橋にさしかかる手前の信号で産業道路を渡り、ようやくのことで川に出た。ホッとする。川沿い下りを続けてきた間に、多摩川の広い河川敷がすっかり馴染みになっている。ただ茫洋としてつかみどころがないのに、そこにあることだけははっきりわかっている安心感というのか。土手を上がりきって視界が開けると、ホッとするのだ。

あとは川下へ歩くだけだ。もう、川沿いから離れまい。地図を見ても、この土手を歩いて、はたして河口と呼べるところまでたどり着けるかどうか、定かではないが、行けるところまで行こう。

やがて釣りをする人の後ろ姿が見えてきた。夕刻に近い時刻でもある。河口に近いなら、スズキ目当てのルアーフィッシングか。犬を連れた散歩者やジョガー、ほかに、私のような謎のオジサンが通りかかる程度だから、釣り人にとっても静かで集中できる環境かと思う。川面を見ると潮が上げているようなのだが、鼻腔を広げて吸い込んでみても、潮の香りはしなかった。

対岸に見える建物は**羽田空港**か。管制塔と思しき建物もある。ただ、こちら側から見る羽田空港の広さも位置関係もさっぱりわからない。第一、第二と国際線のターミナルがあることくらいは知っているけれど、見えているビルはいわゆる空港ビルではなさそうなのだ。では、整備場か。それとも、空港関係者のための駐車場か何かか。想像してみてもどうしようもないことなのだが、ふと見上げると旅客機が飛び立つ光景に数分に一度遭遇していると、どうしても気になる。

そして、とうとう見つけた。

海まで一K。やってきたんですねえ。このあたり、もう土手の道もかなり狭くなって自動車は入れない。ただただ静か。河口に向かって道の右側には広い敷地に企業の大建造物がつらなり、反対の側は、川岸の鬱蒼とした木立の陰に完璧と言いたくなる住宅が建築されていたりする。驚いたのはそのうちの一軒。木立の入口から奥の住宅までの間に小道をつくっていることに加え、どうやら、このあたりに元から生えていた木々を抜き、どこからか苗木をもってきて育てているようなのである。来年の新緑のころまでこの河川敷が無事であれば、今はまだひょろひょろっとした若木にも、その枝枝に若葉が茂っているかもしれない。

道はいよいよ閑散としてきた。一キロは、私のような歩様《ほよう》のまずいものでも、一五分もあれば歩ける距離だ。もう、河口なのだ。もう、海なのだ。この奇妙な川下りも、もう、ほんのちょっとで終わってしまうのだ。

これで終えてしまうのはなんだか惜しい。そんな気がして歩度を緩めたくもなるのだが、それよりも、河口はどうなっているのか、それを見たいという欲求のほうが強い。さらに言えば、デイパックに忍ばせてきたウイスキーを河口で飲みたいという欲求はもっと強い。

最後は、実にあっけなかった。

もう、行きかう人もほんとうにまばらになった土手の細道が尽きるところの土手下に、ごくごく小さな広場があった。木製の椅子やテーブルが配置されていて、これは明らかに、理想の河川敷住宅を独力で建築せんとする孤高の人の手になるものではない。一帯だけ葦《あし》も刈ってあるのだ。草の生えた園地には猫も寛いでいて、餌をくれる人の定期的な来訪を待つかに見える。行政がつくったのか。ボランティアのなせる業か。判断がつかなかったのだが、土手からその園地に下りてみて、ああ、と声が出たのだった。

草を刈った土地の真ん中付近に某杭が立っていて、**多摩川河口**、と記されていたのだった。

棒杭の先は水際である。砂地になっている。なるほど、ここが多摩川右岸のどん突きだ。

ウイスキーを取り出し、キャップをネジ切る。棒杭の向こうに、羽田を飛び立った旅客機がこともなげに上昇していく。

ぐびっとひと口。ウイスキーは、喉を焼くかと思っていたけれど、案外、するすると胃袋へ滑り落ちていった。

大きく、息を吐く。それから、うまいねえと思う。しばらくぼんやりし、ウイスキーをまたひと口やる。また一機、飛行機が上昇していく。かなりの角度だなあと思う。こんなに急に高度を上げては失速するのではないかと、乗るたびに思う飛行機の、嫌な時間のひとつだ。

けれど、本日、私は地上にいる。大河の河口でアホ面して酒を飲んでいる。ここは行き止まりだが、落ちる心配もないし、溺れる心配もない。
私はここで立ち止まる。
けれど、多摩川は後から後から、東京湾へ流れ込む。際限なく、滞りなく。
夕方のいい風が吹いてきた。ポケット瓶のウイスキーが、いよいようまい。

多摩川の河口にて、羽田を見ながらウイスキーをぐびりとやる

エピローグ　川崎ナイター競馬で惨敗。飲み下りの有終の美を飾れず

自転車の籠に仔犬を乗せた老人がやってきた。土手の、車は通れないほどの狭い道に自転車を止めて、真っ白な、まだ、生まれてそう日も経っていないような仔犬を地面に下ろした。

犬は、**多摩川河口**の棒杭が立っている草地まで軽い傾斜になった小道を下りてくるのだが、下りながら、両方の後ろ脚を同時に蹴りあげる形で尻を突き出し、そのたびに、犬の尻からきらきら光る小便が散った。

片方の足を上げて横向きにするものだとばかり思っていたが、この犬は、両足を蹴りあげ、ぴゅっと出すのである。それは、斜面を下りながらだけでなく、草地に下りてからも繰り返された。

「ずいぶん豪快なおしっこの仕方ですね」

思わず、声をかけると、

「なんだかねえ」

と言って、老人は照れるように笑った。ビニールから何かとりだし、仔犬の口もとへもっていき、小声をかけている。私は、老人と犬をもっと眺めていたいのだが、私がここにいなければ、老人は遠慮なく仔犬に声をかけられるのではないかと思い、土手の道へ上がった。

そこでまた、羽田を見る。モノレールの車両が見え、建物の上方には、近くと少し遠方とに、二機の旅客機が上昇していく姿が続いた。もと来た方向へ引き返しながら、再び羽田を眺めやれば、今度は、ちょうどこちらへ向けて着陸してくる旅客機が見える。ライトをつけ、下りてきたなと思ううちにも着陸し、コースを替えて、しばらくするとまた次の旅客機が着陸するのだ。

姿は何機も見えるのに、轟音は聞こえてこないのが不思議で、私はしばらく立ち止まり、三機が着陸するのを眺めたが、着地直後の逆噴射の音らしいものも耳に届かなかった。風向きによるものか、見当がつかないが、ともかくこのあたりで、私の多摩川の河口を目指した全行程は、ゴールにたどり着いたことになるのだった。

さて、どうしようか。河口でウイスキーを飲み、あれで大団円、ということでいいか？　いやあ、なんか物足りない。どうする？　オレは何をしたい？　たくさん歩いた小半日の後だから、酒が飲みたいのは言うまでもない。それから、もうあと何かひとつ、大団円を飾るにふさわしいひとり打ち上げができないか……。デイパックからタブレット端末を取り出して、検索ページを開き、川崎競馬場、と打ち込んだ。

おお、やっているではありませんか！

しかもナイター開催。ということは、最終レースが午後八時から九時の間あたりだから、これからどこかで飲み、川崎駅まで戻る途中で競馬場に遊ぶというすばらしきプランが実現可能ということである。

私は河口へ来るときにも増して元気になって、今度は川上へ向かって歩きはじめた。何かの企業の敷地を横切るようにして河原から離れて太い道に出た。目指すは、どこでもいい。とにかく、まずは酒を飲もう。

気ままに歩く。だいたいの方角としては、そこより東方面は東京湾アクアラインに入って木更津方面ということなのだから、逆方向、つまり西へ向かえばいい。

その道の途中で一軒の酒場に巡り合った。立ち飲みで、注文の品が運ばれると、そこでお金を払う仕組みの酒場である。

川下りの本編は終了していたこともあるが、このお店の空気が、手元のつまみの写真撮影を拒むようにも感じられて、ただ、黙って飲むことにした。

近所の会社帰りの人たちだろうか。互いに顔見知りのひとり客が多いようだ。店の人とかなり親しい人もいる。一見して満席に見えても、

「ちょっとどちらかに詰めてください」

と店の人がひと声かければ、みなさん、ささっと場所をつくる。そこへ、どうも、と目礼ひとつで、新たなお客さんが立つ。この光景がなんとも言えず、いいのです。私などはまったく知らない土地だ。けれど、この雰囲気はよく知っている。仕事帰りの人がほんのしばらくの間に酒をひっかけ、好きなつまみを腹に入れてから家路につく。そのほんのひとときで、朝からの仕事の疲れが少しばかり取れる。そういう酒場は、実はけっこう残っているものだ。

何人もで誘い合わせ、せっかく都合をつけたのだからと少しはしゃいで、明日もあるのに長っ尻というのも楽しいけれど、ひとりで、時間も気にせず、好きなものだけちゃっちゃと飲んで電車に乗る。そんな飲み方を好む人が通いたくなるような店、と言えばいいのか。私も五〇を過ぎるころから、そういう店の片隅にすぽっと治まることが多くなった。

ビールにトマト、タン塩にチクワ天。レモンサワーも、中身を二回お代わり。大相撲の結びを見終わってからもまだしばらく店にいた。早くから来ている人たちの中からちらほらと勘定を済ませる人が出てくる。

「じゃ、また、明日」

なんて他の常連さんに声をかけて店を出ていく人の顔が少しだけ赤い。オレも、そろそろ、いい頃合いだな……。

雨の降り始めた戸外へ出て川崎競馬場を目指した。

日頃は川崎駅から歩くのだが、本日は京急大師線の港町駅から歩く。ここが川崎競馬場にもっとも近いことは、つい先日知ったばかりだ。本降りになるかと思った雨は意外なことに上がって、ナイター設備に照らされた競馬場は思ったよりも明るく、気温は暑くもなく寒くもない。

第七レースに間に合った。まずは、レモンサワーとチキンのフライを購入。これを楽しみながらレースの検討に入ります。売店へ行く前に眺めたパドック（下見所）では、地元川崎のサンセットバラッドでいこうと決めた。状態は悪そうではないし、五月二日に続いての連闘だ。何かやらかしてくれそうだから、この馬が一、二着に入ればいいという普通馬複の軸に据える。

長い川下りの締めくくりは、やっぱりここか。川崎競馬場です

さて、相手をどうするか。小雨で馬場は走りやすく、そもそも公営競馬は逃げ・先行が有利。サンセットバラッドは人気薄だから、相手は人気馬で構わない。そこで内枠を重視しながら先行が得意の四頭を相手に選んだ。

手元の新聞の予想オッズでは、その四頭と私の軸との馬複馬券の倍率は、最低で五一倍、最高で一六七倍になる。三〇〇円の一六七倍はざっと五万円である。これで、いい。私はチキンを齧り、レモンサワーをぐびりと飲んで、スタートを待ち、距離九〇〇メートル、時間にして決着までに一分とかからないレースを見届けた。

私の馬は、出遅れた。九〇〇メートルしかないコースで出遅れた。戦いようがない。狙った私がバカだった。

続く八レースは、堅くいくことにした。一番人気、二番人気がくることを想定した馬券で、冒険心はないが、先刻の負けくらいは、このあたりならいくらでも巻き返せる。

そして結果は出た。三連単の配当が一三万六七九〇円。堅くない馬券になったのだ。私はへらへらと嫌な笑みを浮かべ、「さあ、本日のメインレース、いってみようか」と、ひとり呟く。

ＪＲＡ（日本中央競馬会）所属馬との交流レースだが、ここは地元川崎の二番オー

なんとしても勝ちたい気持ちが空回りしないことを祈りつつ一杯

ラゼウスで勝負する。一六〇〇メートルは一二回走って一着一回、二着五回、三着一回。一二回中、馬券圏内に七回来ている。インコースからスタートを決めて粘ればおもしろい。私は、デイパックから残りのウイスキーを取り出してぐびりと流しこんだ。

さあ、勝負だ!

と思った矢先、スタート前のことだった。ななな、なんと、私のオーラゼウス、馬体に故障を発生し、競争除外となった。

もう、ヤケだ。除外になると馬券は返金されるけど、嬉しくもなんともないのは当り前。そのお金を全部、この日の最終レース、四―九の馬複に投入した。

結果やいかに。四番と九番は同着で三着。三連勝式と複勝、ワイドの馬券圏内にはきた。しかし、私が買ったのは、この二頭が一、二着のときだけ当たり、という馬券であるから、惜しいレースではあったけれど、負けたことに変わりはない。

がっくり肩を落として競馬場を出る。このときになって、けっこう酔っていることにも気づく。これじゃ、当たるもんも当たらねえよ……。先日寄ったお鮨屋さんの前を通りながら、あ~あ、最後もここで、ご機嫌に飲みたかったなあ、と思いながら、川崎駅から南武線に乗った。

お疲れさん。長かったねえ。自分にそう言ってやりたいのだが、どうにも腹の中で何かがおさまらない。

明日も行くか、川崎競馬へ……。分倍河原駅から馴染みの酒場を目指しつつ、性懲りもなく、そんなことを考えている。

あとがき

川沿いを歩き、歩くのに飽きたら酒を飲む。そんな、何の役にも立たない読み物があってもいいか——。

老舗酒場好きを熱狂させた雑誌『古典酒場』の編集長、倉嶋紀和子さんから「なにか連載しませんか」と言われたときに、ふと思ったことです。

酒場ガイドは書きたくないし、そもそも案内をするほど通じてもいない。ましてや、酒場詩人でもない。

ただ、飲むのが好きで、ほかに趣味もなく、休日にやってみたいことはと訊かれて答えるのは、歩くのと、ときおり釣り糸を垂らすこと、くらいの者です。

しかも苦しいことが嫌いときている。だから、川沿いを上ることはハナから念頭にない。川を舞台にするなら幻の巨大イワナを追うとか源流を探すとか、そんなことが当り前なのだと思いますけれども、私は、そういうことに挑まない。だから川下り。

しかも酒を飲みつつ下る、飲み下り。

滝を巻いて岩場を上るのは無理だから、ただ河原に寝そべり、火をおこしてワンパクにソーセージを喰らうガラでもないから、コンビニで買ってきた缶ビールを飲む。

それで、おもしろいか？

おもしろかったんですよ、これが。

やってみて、しばらくで、確信しました。飲み下りてえやつは、アタシの肌に合う。なにしろ、楽だ。下りであるし、スケジュールはないし、訪ねる店を決めているわけでもない。つまり、約束がない。ただ川沿いに下るだけだ。はぐれそうになったら川っぺりに戻ればいいし、土手に立てば空はいつも広い。気持ちも自ずと広くなって、ああ、酒でも飲もうかい、という気分になってくる。

散歩する人、野球する人、バーベキューに興じる兄ちゃん姉ちゃん、息子に釣りを教えるお父さん、橋を渡って競馬場まで自転車をこぐギャンブル爺ちゃん……。

みなさん、のんびりしているんです。世の中これでいいじゃないか。彼らに心をほぐされながら、河原に寝そべってしばし昼寝をすることに、なんの躊躇いもない。

ふと入ってみた酒場でのひとときも楽しかった。日頃会わない、いろんな職業の、いろんな年齢の方々にお会いしました。初めての店で、おどろくほどうまい酒肴にも恵まれました。こんなに、いい遊びはなかなか見つかるものではないなと、飲み下ってくるほどに思いを強めたものです。

多摩川は東京郊外に生まれ育った私にとって故郷の川です。多摩川といってピンとこない読者もおられるかと思います。どこか身近の、その人にとっての故郷の川を思い起こしていただければ幸いです。きっと、どの川を飲み下っても、近い光景を見ることができるでしょうし、自らその光景の中の点になることで、胸の裡が温かくなる。そんな気がします。

この一冊は〝ほぼ書き下ろし〟です。当初は、『古典酒場』に連載しました。このたびの刊行にあたり、連載時の文章を再録することを快諾してくださいました倉嶋紀和子さんに、改めて感謝いたします。

さて、次はどこを歩こうか。簡易コンロと炭を背負って漁村を訪ね歩く「伊豆半島・酒肴巡り」なんてのはどうだろう。市場でわけてもらうか、磯や堤防で釣った魚を、炭火で焼いて、酒を飲む。

焦げ目のついたイカゲソに醬油と七味をぶっかけて……。ああ、うまそうだ。さっそく地図を調べてみるか……。私は今、おいしい妄想を肴に酒を飲んでいます。

平成二八年八月三日　都下、多摩川に近い自宅にて

解説　妖怪大人の画期的な酒旅

高野秀行

大竹さんと言えば、出版業界では無類の酒飲みとして知られている。いつも飲んでいる、いくらでも飲む、いつまでも飲んでいる、とまるで酒に憑かれた妖怪のように語られるが、私の中にある大竹さんのイメージはそれとは若干異なる。

一言で言えば、「妖怪だけど大人」。

まず、私は大竹さんがへべれけになっている姿を見たことがない。これは単に機会がなかっただけかもしれない。飲み会は数回同席したことがあるが、たいてい誰か（何か）の出版記念か受賞記念のお祝いの席で、人がたくさんおり、次から次へと飲み相手も変わっていくから、大竹さんとも挨拶がてら「や、どうも」と軽く杯を交わす程度である。にしても、そういう席上でもガンガン飲んで酔っ払い、ぐだぐだになっている人は少なからずいるが、大竹さんは隅っこで静かな笑みをたたえて淡々と飲んでいる。人の幸福を肴にうまい酒を飲んでいるような風情が漂う（もしかしたら二次会、三次会で同席したら妖怪に化けるのかもしれないが……)。

たった一度だけ、ちゃんと大竹さんと飲み会をしたことがある。大竹さんが主宰する伝説の雑誌『酒とつまみ』で私がインタビューを受けたのだ。ふつう、インタビューといえば、喫茶店や出版社の会議室か何かだが、なんせ『酒とつまみ』だから、当然居酒屋で行われた。編集者からライター、カメラマンまで全員が飲みまくって酔っ払っていたが、このとき大竹さんはなんと酒を一滴も飲まなかった‼

なんでも、「γ-GTPの数値が一〇〇〇を超えちゃってね、医者から『酒をやめないとすぐ死ぬ』って言われて、ここんところ酒を断ってるんですよ」とのことだった。γ-GTPは五〇を超えると「要注意」になる。それが一〇〇〇を超えているなど人間とは思われない。やはり妖怪なのか……と驚いたものだが、もっと驚きだったのは、大竹さんがウーロン茶だか水だかを飲みながら酔っ払いたちと平然と談笑していたことだった。

飲まなくても全然平気なのだ。しかもまるでほろ酔いのように見える。

この辺から私の中で大竹さんに対し、「妖怪なんだけど大人」というイメージが定着した。底なしの酒飲みだが、酒に溺れているわけではない。自分が飲めなくても酔っ払いと付き合える余裕も持ち合わせている。

飲酒妖怪の大竹さんは一カ月かそこらの禁酒でさっさとγ-GTPの数値を下げると、前と変わらず飲み始めたようで、次々と酒を飲み歩く本を書いている。

さて、本書であるが、大竹さんの「大人度」がさらにアップしたと感じ入った。多摩川を源流近い奥多摩からずーっと歩きながら、出くわした飲み屋にてきとうに入って一杯やり、また再び歩き出すという画期的な酒旅である。

酒には不思議な作用がある。以下の酒はふつうの酒より五割増し（？）で美味いことが知られている。

・昼間から飲む酒
・屋外で飲む酒
・体を使ったあとの酒
・一仕事終えたあとの酒

理由はわからないが、確実にそうである。そして、この「飲み下り」は日中のかなり長い歩き旅とセットになっているため、右の全ての条件を満たしている。それがまず凄い。これ以上酒を美味く飲む方法はないといってもいいくらいだ。

大竹さんは別にこれを期間を決めてやるわけではない。大人だからガツガツしないのだ。気が向いたときにふらっと行って歩いて飲み、また時間ができたときに、前回行ったところからスタートする。これを何年もかけてゆっくり行う。季節はうつろい、暑いときはビール、寒いときは熱燗。

川沿いに下るというのも、いい。私も何度か川旅をしたことがある。地元の船に乗ったり、自分でカヌーを漕いだりしたのだが、川は水の流れを見ているだけで心癒され、自由な心持ちになる。登山のようなストイックさや上昇志向とは無縁。「ま、いいか」という気分を醸造する。

川旅の唯一最大の欠点は、上流は自然も豊か、人も素朴で面白いが、中下流域は変化に乏しく、住宅地が増えて退屈になることだ。最後の河口付近は漁師の姿が増え、また活気に満ちてくるが、途中の中だるみがけっこう辛い。

しかし、どうだろう、酒飲み旅にすると、この欠点が見事に解消されているじゃないか。上流には江戸時代から続く酒蔵が何軒もあり（念のため言っておくと東京都なんですよ）、美味い水で仕込んだ日本酒を味わえる。中流は私の出身地でもあるかつての「南多摩」で、一見単なる東京郊外だが、探せば少なからず地方都市的な情緒あふれる飲み屋が見つかる。そして下流は昭和の面影を宿した下町風の老舗が健在である。中だるみがないのだ。

大人である大竹さんは店を特に選ばない。店構えがいい感じだと思えば、すっと入る。蕎麦屋、酒蔵わきの角打ち、中華料理屋、うなぎ屋……。

川原に腰を下ろして飲むこともある。リュックに小さな保冷袋を入れ、中には缶ビールと凍らせたカルピスウォーター。「こうしておくと、ビールはずっと冷えたまま。気ままな場所でリュックを下ろし、ひとりピクニック酒を楽しむことができる」。肴は道端の肉屋で買い求めた唐揚げとコロッケ、そしてコンビニのサンドウィッチと融通無碍。

いやあ、たまりませんね。本書を読んで冷静でいられる酒飲みがいるだろうか。絶対に真似したくなる。私はたまらず自分の家の近くを流れる川を地図で調べてしまった。うおー、この××川も飲み下ったら楽しそうだ！

だが、しかし。前世でどんな悪行を働いたのか、たまたま来週からはパキスタンを一カ月ほど旅行する予定で、飲み下りどころか、その間基本的に酒は飲めないのだ。どうしてそんな無慈悲な運命にあるのかとひとしきり嘆いたが、いやいや、大竹さんを見習って大人にならねば、と思い直す。飲めるときは飲み、飲めないときは諦めるのだ。

一つ心配なのは酒が原則禁止であるパキスタンも、ときに合法あるいは非合法に飲めるところがあること。大人になれない私は、そういう場所をつい探してしまうかもしれない。インダス川飲み下りとかを敢行してしまう恐れもあり、十分な注意が必要である。

初出一覧

第一話……「古典酒場」VOL.9　二〇一〇年八月三〇日発売　ホルモン酒場特集号
第二話……「古典酒場」VOL.10　二〇一一年四月八日発売　横丁酒場特集号
第三話……「古典酒場」VOL.11　二〇一二年三月一二日発売　絆～ＫＩＺＵＮＡ～酒場特集号

ほかは書き下ろし

本書は文庫オリジナルです。

ちくま文庫

多摩《たま》川《がわ》飲《の》み下《くだ》り

二〇一六年十月十日 第一刷発行

著者 大竹聡（おおたけ・さとし）
発行者 山野浩一
発行所 株式会社 筑摩書房
東京都台東区蔵前二―五―三 〒一一一―八七五五
振替〇〇一六〇―八―四一二三
装幀者 安野光雅
印刷所 三松堂印刷株式会社
製本所 三松堂印刷株式会社

乱丁・落丁本の場合は、左記宛にご送付下さい。
送料小社負担でお取り替えいたします。
ご注文・お問い合わせも左記へお願いします。
筑摩書房サービスセンター
埼玉県さいたま市北区櫛引町二―六〇四 〒三三一―八五〇七
電話番号 〇四八―六五一―〇〇五三

ISBN978-4-480-43387-9 C0195